嶺南風物與香港非物質文化遺產系列

# 涼茶在民間

張展鴻　田穎儀　著

# 前言

1997年香港回歸以來，環球、亞洲及陸港之間的政治經濟關係都出現很多前所未有的變化，自然災難、金融風暴、中美貿易、地緣政治，以至過去兩次的疫情等，都直接和間接地影響我們的生活文化。對比以往人們追求名利及高價消費之餘，懷舊事物、鄉郊文化、社區傳統和地方節慶反而成為一種新潮流。在香港非物質文化遺產辦事處的帶領和推廣下，近年已經看到顯著的成果，特別是公眾的積極參與和對相關非遺項目的認識。除此之外，在辦事處的資助下，我們更有機會閱讀到不同主題的書本，加深對各項目的了解，例如薄扶林中秋舞火龍（鍾寶賢、郭錦洲 2023）、香港黃大仙信俗（游子安、危丁明、鍾潔雄 2023）、紮作技藝（黃競聰、李凌瀚 2023）、涼茶（鄧家宙 2023）、香港潮人盂蘭勝會（長春社 2023）、港式奶茶製作技藝（劉智鵬、黃君健、盧惠玲 2023）和香港中式長衫和裙褂製作技藝（劉智鵬、黃君健、盧惠玲 2023）等。在 2014 年完成的《香港非物質文化遺產清單》中列舉的 480 項目之中，涼茶是其中一個廣為人知的項目，不單是在香港被確認為 20 個代表作名錄之一，涼茶更是國家級非物質文化遺產。自 2006 年起，「涼茶配製」被國務院列為 518 種「國家級非物質文化遺產」之一。從嶺南地區的民間傳統至被列入非物質文化遺產項目，

涼茶作為嶺南地區民間常見的功能性飲品，被視作具袪濕、清熱等效用，以應對嶺南地區炎熱潮濕的氣候。涼茶講求就地取材、用藥方便，多以地方生草藥入藥，故配方或會有所增減，各家各方或大體相同，但未必完全一致，別具特色。本書以民間不同個案，探討涼茶於個人、族群、社區的傳承，先闡述涼茶所代表的地區特性，接着探討村落、社區及個人今昔飲用涼茶習慣的改變，藉此了解涼茶在個人、村落和社區傳承所面對的挑戰及其演化過程所體現的社會變遷。在此，要感謝多位被訪者給我們寶貴的時間分享他／她的經驗和涼茶知識，和非物質文化遺產辦事處對本研究和出版作出的支持。

本章將探討研究涼茶的重要性及其為何與普羅大眾的生活、文化息息相關。

# 第一章

研究涼茶的重要性

香港自19世紀中期開埠以來，一方面受英國殖民管治的影響，另一方面則仍然延續着華南地區生活文化特色。正如從晚清至民國初年的省港澳聯繫，很多嶺南地區的傳統行業陸續進駐香港，飲食行業亦不例外：茶樓、酒家、餅店、涼茶舖、中藥行、蛇王（賣蛇膽製品和蛇肉的專門店）和乾貨海味的食材批發進口商等，都為香港帶來眾多嶺南地區生活文化元素。其後經歷三年零八個月的日本佔領時期和中國內地1949年解放而帶來的影響，香港人口非但沒有減少，更比日佔時期之前明顯增加。這股外來勞動力，加上早年在內地已經發展成熟的工業生產技術，為香港帶來一份無比衝勁，為日後的社會經濟發展打下強心針。香港輕工業從1950年代開始迅速發展，加上社會政治上相對穩定，帶來往後數十年的經濟轉變。1970年代後期，因社會經濟全面增長，香港人的生活水平大大改善，加上物資充足和運輸方便，港人對物質和食物的追求也相應提高。至1990年代初期，金融地產業和旅遊業的興盛使香港社會更加富裕，並促使新中產階級打開香港飲食文化新一章。

另外，1997年香港回歸後亞洲經濟下滑、中港關係出現前所未有的變化，對以往追求名貴及高價新派菜式的有閒階級而言，懷舊食物、鄉村美食和私房菜反而成為一種新潮流（Cheng 1997；Cheung 2005, 2022；張展鴻、王迪安2021）。在短短半世紀中看到的變化，足以使我們了解食物的社會文化意義和口味背後的玄機。香港的飲食文化正如香港人的身份一樣，包含本地化和全球化相互影響的部分；在日常生活層面上不單承繼了嶺南地區的傳統文化，也深受西方現代社會工業化、消費主義和流行文化等多方面影響。

早於上世紀初，文化人類學家已經把食物視作傳達觀點與概念的一種重要仲介，其象徵意義可在宗教活動、階級差異和神話分析中得到認同（Douglas 1966；Lévi-Strauss 1969）。近年人類學研究更進一步指出，從社會消費角度來看，食品的選擇、改變和習慣，可展現因應社會文化變遷而出現的價值觀和獨特信念（Goody 1982；Mintz 1985；Ohnuki-Tierney 1993）。我們也特別關注到某些飲食習慣的興起，如何反映社會大眾對物質生活要求和品味的改變，而有關亞洲社會飲食文化的變遷更是近年的熱門研究課題（Wu and Tan 2001；Farrer 2015）。當社會日趨穩定，經濟起飛，人們生活較過往富裕，追求的再不單是生活上的基本必需品，而是較能給予其他方面滿足感的物質消費。不同物質文化既代表不同的象徵符號，亦反映社會上各個階層的價值取向。香港長時間以來均作為移民城市，包括是19世紀末時大量人口及貨物經香港流轉出世界各地的淘金城市，或是戰後移民潮，在促使香港本地經濟發展的同時，亦使涼茶業在香港因大眾需求而走入黃金時代。涼茶原本在鄉野中是家家戶戶自行煮製的保健飲品，因19世紀末移民來港的人大多以成年男性為主，沒有地方或時間自行煮涼茶，使涼茶舖成為新興行業。涼茶作為民間保健飲品的角色得以存留，其模式則因應時代和環境而改變，從生活習慣演變成地方傳統，再被確認為非物質文化遺產（非遺）的歷程，正是香港社會在正視本地文化和文化政策的見證。

　　除了文化人類學的角度之外，我們也參考了民族植物學的觀點，收集對草藥的民間論述，更關注本地應用的獨特性，從而探討生活需要和地域資源在長期互動過程中衍生出來的生活智慧和知識是如何傳

承。民族植物學的主要研究範圍是記錄、描述和解釋人類在文化上（及日常生活實踐）與各種地方植物之間的關係，並着重於研究植物如何在人類傳統社會中被使用、認知及保育，應用方面則包括食品、衣着、貨幣、宗教儀式、醫藥、染料、建築及化妝品等（Balick and Cox 1997）。雖然我們不會用科學實驗來引證植物的藥性，因為大部分的中藥已經有明確的效用證據，但對於民間的收集、分辨、處理、功效等都通過人類學的深入訪問來記錄和比較。

## 從民間智慧到國家級非遺

涼茶的出現和盛行，與嶺南地區的氣候和生態環境有密不可分的關係。大眾就地取材，以觸手可及的材料創造或調整涼茶配方，大多類型的涼茶效用亦與地方日常生活需要的關係切合。過往不少與嶺南有關的史料或遊記都着墨在嶺南氣候，例如《廣東新語》中記明代嶺南地區的風候：

> 廣州風候，大抵三冬多煖，至春初乃有數日極寒，冬間寒不過二三日，復煖。煖者嶺南之常，寒乃其變，所以者陽氣常舒，南風常盛。火不結於地下而無冰，水不凝於空中而無雪，無冰無雪，故煖。

> 嶺南之地，愆陽所積，暑溼所居，蟲蠱之氣，每苦蘊隆而不行。其近山者多燥，近海者多溼。海氣升而為陽，山氣降而為陰，陰嘗溢而陽嘗宣。

有別於一般中國飲食文化和正統醫學注重的「寒」和「熱」的特性、關係和平衡，涼茶更因其與地方氣候密不可分的關係，而極其強調其祛濕和清熱的功效，有因地制宜的特性。與之同時，涼茶亦講求就地取材、用藥方便，故多以地方草藥入藥（Anderson 1980；江潤祥 2000）。除了部分涼茶配方有中醫師的確認和現代生物醫學的實驗研發作根據之外，大部分的涼茶配方都是民間及家庭傳承，且其效用、原料、配方都和地方生態環境有複雜的關係（芹澤 2015；鄧家宙 2022）。涼茶作為日常生活中針對清熱、祛濕的飲品，體現了嶺南地區的氣候、地理環境及由此而生的民間智慧，並於 2006 年以「傳統技藝」的非遺項目類別被納入國家級非遺代表性項目名錄。

聯合國教育、科學及文化組織於 1972 年在巴黎舉行的第 17 屆會議中，注意到各國的文化遺產和自然遺產因各種不同的社會發展和經濟全球化而帶來前所未有的威脅，尤其是經歷多次戰爭影響，部分文化、自然遺產已受到無法回復的損害和破壞。因此，組織通過保存和維護世界遺產，以及建議有關成員國家訂立必要的國際公約來落實維護、增進和傳播相關知識，希望世界各地對屬於人類共同財產的重要和意義多加認識，並且積極保護，以為後世保存及傳承人類共有財產。公約提出後，組織及有關成員機構和國家在各地舉辦了多場規模不一的會議，為提供文化遺產的推廣和保護的方向落實進程。其中討論和提出的約章和方案，因為數量之多，不能在此盡錄。而在非遺方面，組織於 2003 年第 32 屆大會上通過旨在保護世界非物質文化遺產的國際公約；直至 2020 年，世界上共有 180 個國家簽署了該條約，並各自落實相關推動和維護的工作。

經粵、港、澳三地政府努力爭取，涼茶從廣東省地區的地方傳統終被列入國家級非遺項目。「涼茶配製」自2006年起得以被國務院列為518種「國家級非物質文化遺產」之一（黃宗儀、胡俊佳2013）。「國家級非物質文化遺產」強調認可特定企業、品牌及配方的重要性，而涼茶亦遵照該原則，所以在2006年共有16個涼茶品牌獲國家認證，其中包括21家涼茶生產企業和54個配方及術語。由於只有獲認可的企業方受到國家有關法律保護，故推測相關措施較着重於商業層面。在本港，自《保護非物質文化遺產公約》於2006年生效後，官方開始籌備全港非遺普查，以確立香港非遺清單，並於2008年成立非遺諮詢委員會。普查於2009年開始，2014年正式公布列有480項目的香港非遺清單，當中涼茶是「傳統中醫藥文化」的次項目（香港非物質文化遺產辦事處資料庫2022），跟蛇酒和跌打不同，涼茶的確認內容為：

> 涼茶是流行於嶺南地區的一種飲料，以特定的中草藥烹煮而成。在嶺南地區地濕水溫的氣候環境中，涼茶成為大眾祛濕降火、解燥消暑和防治感冒的一種獨特飲食文化。涼茶在香港已有百餘年歷史，從前的涼茶舖更是大眾消遣的地方。現時涼茶仍是日常生活中一種功能性飲品，承載了獨特的民間智慧及傳統文化。

## 中國內地對涼茶的認定

　　內地針對涼茶作為非遺的保育政策，着重於認證企業及其特定配方與術語，而對涼茶至關重要的民間普及、傳承、實踐過程則較少涉及。

「涼茶配製」被國務院列為518種「國家級非物質文化遺產」之一，現有54種配方及術語、16個品牌被認定（中國非物質文化遺產網・中國非物質文化遺產數字博物館2023）：

| 年份 | 內容 |
| --- | --- |
| 鄧老 | 廣東養和堂鄧老涼茶有限公司 |
| 王老吉 | 廣州王老吉藥業股份有限公司 |
| | 廣東加多寶飲料食品有限公司 |
| 上清飲 | 廣州香雪製藥股份有限公司 |
| 健生堂 | 廣東健生堂保健品有限公司 |
| 黃振龍 | 廣州黃振龍涼茶有限公司 |
| 徐其修 | 英德市權祥涼茶有限公司<br>（佛山徐其修涼茶有限公司） |
| 沙溪 | 廣東益和堂製藥有限公司<br>（中山市嘉樂飲料有限公司） |
| 春和堂 | 東莞市春和堂食品有限公司 |
| 金葫蘆 | 廣州金葫蘆涼茶有限公司 |
| 白雲山 | 廣州白雲山和記黃埔中藥有限公司 |
| 夏桑菊 | 廣州星群（藥業）股份有限公司 |
| 寶慶堂 | 深圳市寶慶堂食品飲料有限公司 |
| 潤心堂 | 廣州潤心堂涼茶有限公司 |
| 李氏 | 李氏百草（珠海）有限公司 |
| 清心堂 | 廣州清心堂涼茶連鎖有限公司 |
| 杏林春 | 廣東杏林春涼茶有限公司 |

就針對日常對涼茶的管理，在認定特定企業及配方之外，涼茶大多因應其對食物安全之考慮而作出管埋。按現時於中國內地的定義，據功效強弱和使用目的涼茶可分為食品、保健食品、藥品三大類：

食品類

據《中華人民共和國食品衛生法》的定義，食品是指各種供人食用或者飲用的成品和原料，以及按照傳統既是食品又是藥品的物品，但是不包括以治療為目的的物品。因此，作為普通食品類來報批生產的涼茶，一般不限服用人群、服用時間和服用量，產品批准文號為「衛食」字型大小。目前大部分涼茶均屬此類。

保健食品類

據國家食品藥品監督管理局2005年新頒布的《保健食品註冊管理辦法（試行）》的定義，保健食品是指聲稱具有特定保健功能或者以補充維生素和礦物質為目的的食品。

藥品類

據《中華人民共和國藥品管理法》的定義，藥品是指用於預防、治療、診斷人的疾病，有目的地調節人的生理機能並規定有適應症或者功能主治、用法和用量的物質，包括中藥材、中藥飲片、中成藥等。

因內地將大部分涼茶歸於食品類，又設有〈既是食品又是藥品的物品〉(2002)名單作監管：

丁香、八角茴香、刀豆、小茴香、小薊、山藥、山楂、馬齒莧、烏梢蛇、烏梅、木瓜、火麻仁、代代花、玉竹、甘草、白芷、白果、白扁豆、白扁豆花、龍眼肉(桂圓)、決明子、百合、肉豆蔻、肉桂、余甘子、佛手、杏仁(甜、苦)、沙棘、牡蠣、芡實、花椒、赤小豆、阿膠、雞內金、麥芽、昆布、棗(大棗、酸棗、黑棗)、羅漢果、郁李仁、金銀花、青果、魚腥草、薑(生薑、乾薑)、枳椇子、枸杞子、梔子、砂仁、胖大海、茯苓、香櫞、香薷、桃仁、桑葉、桑椹、桔紅、桔梗、益智仁、荷葉、萊菔子、蓮子、高良薑、淡竹葉、淡豆豉、菊花、菊苣、黃芥子、黃精、紫蘇、紫蘇籽、葛根、黑芝麻、黑胡椒、槐米、槐花、蒲公英、蜂蜜、榧子、酸棗仁、鮮白茅根、鮮蘆根、蝮蛇、橘皮、薄荷、薏苡仁、薤白、覆盆子、藿香。

就目前狀況可看到，內地對涼茶作為非遺的政策着重於認證企業和生產，對涼茶至關重要的民間普及、傳承、實踐過程則沒有披露。香港眾多村落以本地村和客家村為主，不少仍保留傳統生活習慣，我們希望藉此進行研究，了解社會及村落中飲用涼茶的習慣、知識、傳承，以彌補民間傳承的不足。涼茶的研究，不但可以豐富大眾對本地文化的理解，更可以提升個人對社會生活的認同和個人經驗的文化反思。這都能給予大眾了解身份認同在香港社會的文化意義和獨特性。

## 涼茶詞彙

中國地域遼闊，各地的氣候及風物都大有不同，從就地取材的原則出發，「生藥」及由其衍生的醫藥系統，因地理、氣候、本地需求等因素，所用藥物與北方有明顯分別（江潤祥2000），而中醫所用之藥材，亦不限於現時中國地域以內所產的藥材，也可以來自東南亞地區等。正因各個地區均有其出產的特定藥材，故而在中醫藥界按藥材的出產地區分為「北藥」、「南藥」、「西土藥」三大類，而在此三大類以外又有香港鮮見的藏藥、苗藥等細項（《醫道鏡詮》編委會2022）。

### 北藥

「北藥」包括出自北方地區，即山東、山西等地所出產的草本藥材，當中有黃芪、黃芩、黨參等；也包括出自川渝地區的草本藥材，如冬蟲夏草、石斛、天麻等。

### 西土藥

「西土藥」則是出自兩廣地區的草本藥材，如三七、雞血藤，以及大眾熟悉且用途廣泛的陳皮等。除了廣東、廣西的出產藥材外，雲南、貴州的「雲貴藥」也同樣屬於「西土藥」的範圍。

### 南藥

「南藥」一詞的定義則有不同說法，有指出產指長江以南、南嶺以北的土藥材，即現時湖南、江西、福建一帶；亦有指只要是長江以南所產藥材即屬「南藥」；也有指熱帶地區出產的藥材方為「南藥」。而《醫道鏡詮》編委會（2022）則定義自中國以外地域進口的草本藥材為「南藥」，如乳香、沒藥、檀香、胖大海等。

### 生藥

在大眾理解中，「生藥」代表着市場上可找到新鮮青綠的草藥。然而出於保存方便而經修製，但未經酒製、火製等方法炮製及處理的生草藥，也可被稱為「生藥」（《醫道鏡詮》編委會 2022）。就廣義而言，「生藥」可泛指嶺南地區（包括現時廣東及廣西一帶）所用的草本藥物（江潤祥 2000）。

### 熟藥

「熟藥」與「生藥」的分別取決於其炮製程度，經過水製、火製或水火共製的藥物均被視作熟藥。香港的中藥業內分生藥業及熟藥業，兩者並不完全互通。處理「生藥」和「熟藥」的師傅各有專業，商會也有所不同，部分涼茶店在 1941 年曾成立「港九生藥涼茶總聯商會」，藥材行則曾先後於 1912 年和 1928 年成立「香港參茸藥行寶壽堂商會」及「香港中藥聯商會」，兩者所買賣、使用的草藥的分別從名字上已可見一斑。

炮製

炮製指的是藥材的加工，需按照藥材的藥性、儲藏等因素，將草本藥物再加工處理。當中可分為修製、水製、火製、水火共製及其他製法，修製指揀、篩等工序，大多只為清理雜質、方便保存，而其他炮製方法則有調整藥性之效。早於南北朝，便有已佚的《雷公炮炙論》，記錄有關藥物炮製的資料。而炮製的主要目的為（《醫道鏡詮》編委會 2022）：

一、降低特定藥物的毒性，使其對人體的刺激較低；
二、提高藥物的效用；
三、調整藥物的藥性。

## 現時涼茶研究的狀況

市面上與涼茶相關的書籍大多分為四類：實際應用、生草藥與自然環境、大眾文化、歷史源流與發展。講述涼茶的實際運用的書籍最為常見，大多針對會在家中自行熬煮涼茶飲用的群眾。這類書籍記錄不同涼茶的種類及配方，着重不同涼茶方的實際運用及功效，供大眾於有需要時因應個人症狀參考不同涼茶方。當中不少更為中醫師所編著，如江潤祥的《香港草藥與涼茶》（2000）便指出 50 種香港常見涼茶料及相關涼茶方；陳虎彪及郭岳峰的《香港涼茶與龜苓膏》（2009）亦同樣介紹了香港常見的涼茶料及應用這些材料而生的涼茶；佘自強的《涼

茶天書》（2011）便介紹了近200條防疫祛病、排毒養生涼茶的配方和用法；佘自強的另一本《今日涼茶》（2012），則在因應需求、症狀如何挑選涼茶外，亦探討不同體質的人群及不同時節可飲用的涼茶；施旭光的《圖說廣東涼茶：實用保健方》（2017）則提供近300種實用保健涼茶方，並記錄其功效、配方、製法、主治、用法、禁忌、方解。

近年亦有不少介紹在香港山野間可以找到的藥用植物的書籍，當中部分生草藥可用於製作涼茶。這類書籍大多集中於介紹生草藥與自然環境，及指出這些滿布生草藥的郊外是遠足、郊遊的好去處。李甯漢與鄭金順合編一系列書籍以介紹香港常見的生草藥及可以找到這些生草藥的遠足路徑，包括：《香港草藥10徑遊》（2003）、《離島草藥10徑遊》（2004）、《行山看草藥：香港10段草藥路徑》（2012）；楊根錨及陳志成的《嶺南民間草藥應用》（2022）則結合了其近50年研究香港及嶺南草藥的經驗，及多年來於港九新界上山研究草藥的經歷，介紹如何分辨山野間不同富藥用價值的生草藥的特點，及針對不同症狀可用的生草藥，當中不少生草藥均常見於廿四味及其他常見涼茶。

涼茶為大眾飲食文化中的重要一環，故與涼茶有關的大眾文化類書籍亦不鮮見。對於香港社會而言，涼茶舖更是文化空間，見證香港的變遷及個人成長，此類書籍可讓大眾了解涼茶在日常生活文化中的不同角色。如鄭寶鴻的《香江知味：香港的早期飲食場所》（2003）介紹了各個與香港飲食文化息息相關的場所，當中便包括涼茶舖；黃志

強的《尋常巷陌：黃志強鏡頭下的香港和澳門》（2005）中亦選定涼茶舖為代表香港的一片重要景象；周淑屏的兒童文學作品《大牌檔・當舖・涼茶舖》（2006）其中一故事便是以涼茶舖作背景；胡秀英、關麗珊、徐振邦等著的《我哋涼茶係正嘢》（2014）便記錄了13名寫作人對涼茶的記憶；Alison Hui的《香港尋味：吃一口蛋撻奶茶菠蘿油，在百年老舖與冰室、茶餐廳，遇見港食文化的過去與現在》（2019）則從香港青年的角度出發，看涼茶於本地飲食文化的角色和特定術語。

香港針對涼茶的歷史源流與發展的書籍相對較少，大多是在香港中醫藥歷史的書籍中有所提及「涼茶」一項。當中包括謝永光的《香港中醫藥史話》（1998）及林久鈺和羅偉強等編著的《醫道鏡詮：香港中藥文化史略》（2022）；直至鄧家宙所著的《涼茶》（2022）出版，針對涼茶方有更為全面的書籍，其內容從探尋涼茶的歷史源流、與醫藥保健的關係、各類涼茶料、涼茶貿易、各涼茶商號所體現的涼茶業發展、相關商會，到與傳承涼茶文化有關的大眾文化，均稍有涉獵，可為大眾提供對涼茶更全面的整體理解。

　　出版書籍以外，互聯網上與涼茶的相關資料及描述更是五花八門。當中既有提供涼茶的基本資料，並集中描述涼茶與氣候的關係、草藥原料，如香港醫院管理局中醫部（2022）便提出涼茶是廣東人因應本地水土而以草藥研發而成的飲品，以達至為清熱解毒、解表疏風等效果，而飲用涼茶則需要因人、因時、因地制宜。更多網絡資料則針對大眾於日常生活中飲用涼茶的習慣，介紹常見、適合多數人飲用的涼茶、飲用涼茶的頻率、不同體質的人群飲用涼茶時需注意的禁忌。這些文章不少均引用註冊中醫師的陳述，以示權威和可信性。

本章將以兩名涼茶舖東主的訪問為切入點，主要探討香港涼茶的歷史發展及過往對涼茶的研究，輔以在澳門地區涼茶的研究概述。

# 第二章

涼茶的歷史發展

在日常生活中，我們可以見到街上不少涼茶舖。既有僅此一家的涼茶舖，也不乏連鎖的涼茶舖，甚至在便利店中，也可以在飲品櫃中找到一瓶瓶涼茶，熟悉的涼茶例如：廿四味、五花茶、雪梨茶、感冒茶、雞骨草、火麻仁、夏桑菊、金銀花、銀菊露、酸梅湯、竹蔗茅根水、崩大碗等。

涼茶是常見於嶺南地區的飲料，在嶺南飲食文化中有不可取代的地位。由嶺南先民累積日常經驗，因應本地炎熱潮濕的氣候，善用本地可見中草藥而創的不同湯劑。涼茶可由單一或多味中草藥加工而成，其功效以消暑、清熱、祛濕為主，達至「有病治病，無病防病」的效果。在香港開埠初期，西醫尚未普及，涼茶便是普羅大眾最便宜、簡單、普及的治療方法。因涼茶是針對一大群人或特定地區的人所製成的，沒有因應個體特定需要而微調，故而更適合不同人群飲用。我們將藉着與兩名老涼茶舖東主的對談，一起從涼茶舖的第一身角度看香港涼茶的歷史發展。

## 「春和堂」（「單眼佬涼茶」）東主 —— 李先生

李先生生於 1960 年代，是「春和堂」的第四代傳人。家中共四兄弟姐妹，其餘兄妹已各自發展事業，只有李於 1991 年時因父親要求，開始在「春和堂」工作，以繼承祖業。

扎根九龍區多年的「春和堂」，更為人熟悉的名字是「單眼佬涼茶」，由李先生的太公 —— 李鏞昌先生所創。李指曾聽家人提及太公的「單眼佬涼茶」傳說，當時太公因有斜視，有一隻眼不能視物，鄰近的小朋友覺得其與眾不同，便戲說他是「單眼佬」。太公認為這名字更朗朗上口，便索性將其所賣之廿四味命名為「單眼佬涼茶」。

　　李鏞昌先生祖籍廣東番禺，先從涼茶檔開始，儲蓄足夠本錢後才開涼茶舖。「春和堂」生意最好時曾有三家分店，然而大眾所了解的三家分號或許並不是最初的三間。李鏞昌先生的每名兒子各自打理一家店，後來其中兩店先後結業並離開涼茶業，只剩李的祖父一店。李先生的祖父再重新慢慢開了三間分店。後來祖父母年事已高、父親健康不佳而難理事，故先後結束了兩間分店，只剩旺角上海街本店及廟街一間分店。至2018年，「春和堂」本店也宣告休業。

### 做好本分

　　因年代久遠，李先生坦言對太公一代的經營已沒有太多了解，但祖父母一輩以「誠信」為宗旨的生意經和辛酸卻是耳熟能詳。李先生指其祖父母極其勤奮，涼茶舖於凌晨1時多、2時才關門，但兩老當年凌晨4時多已起床準備曬藥材和生草藥。當時「春和堂」同時有販賣生草藥及熟藥，因為有些藥材偏濕，為了不讓其發霉而需要特意反覆曬乾，尤其是供執藥用的藥材，需要先放到天台曬至乾透。祖父母

主要負責處理藥材，煮涼茶則由其他同事負責。李先生更記得祖母對他說：「賣涼茶只要涼茶的質素好，客人自然會回來光顧。以菊花為例，我們一定要買最好的菊花用作煮涼茶。涼茶更不可以留至第二天繼續出售。客人都是付錢來飲涼茶，我們一定要做好本分。」短短數語，已能體現李老太的宗旨。李先生接手之時，店舖的運作彷彿和當年沒有大分別，仍是如祖父母一樣，因工序繁多且耗時甚長，單單是煲涼茶已需要花上大半天時間。

在涼茶方面，「春和堂」多年來如一，只賣「單眼佬涼茶」和五花茶。李先生開始主理「春和堂」後，也曾有朋友向他提議可以兼賣不同種類的涼茶，但其母親因害怕敗壞「春和堂」多年名聲而反對，故一直未有多賣其他種類的涼茶。「單眼佬涼茶」源於廿四味，至於為何多年沿用「單眼佬涼茶」一名而不是大眾更為熟悉的廿四味，李指廿四味中有部分藥材在現行規範下不可應用，故廿四味的配方中不足二十四種藥材，為免他人質疑，故只稱「單眼佬涼茶」。現時每家店舖都有廿四味，然而各家廿四味的配方都有所不同，不少涼茶舖的廿四味也同樣不足二十四種藥材，但功效上大多是針對初起感冒。對李而言，廿四味是作保健用，當有初起感冒，喉嚨發炎就會飲用；如果是已發出來的感冒，廿四味就未必有足夠效力。當年「春和堂」的五花茶是用作清肝熱，以菊花、葛花、雞蛋花、木棉花和土銀花煮成，較「單眼佬涼茶」為溫和，適合眼垢多的人飲用。

相較於針對顧客的特定病徵，如果顧客只是出於保健的需求，那麼「春和堂」在向顧客推薦涼茶之時，則只看顧客的口味。李先生指只要顧客不怕苦就會推薦廿四味，怕苦怕難入口就推薦五花茶。而另一個選擇是混合廿四味和五花茶飲用，如此一來就不會太苦，既有效，又可以幫助有需要卻怕苦的顧客。

### 適應求存

過往「春和堂」同時提供執藥以及買賣蔘茸、中成藥、涼茶的服務。然而，由於環境因素，執藥師傅年紀漸大後難以找到新人頂替。執藥師傅沒有牌照證明，質素相當參差，聘請員工時只能從他們口述過往在行內的工作經驗來作聘請決定。「春和堂」曾聘請兩位師傅，但發現不符合標準，甚至出現混淆類似中藥材的情況，李先生的祖父因不想出錯導致影響客人身體狀況及店舖聲譽，便果斷決定不再繼續提供執藥服務。

「春和堂」在李先生的祖父那代已開始有販賣中成藥，太公年代則不能確定。直至1990年代開始需要申請牌照時，因條件繁複，對中成藥的添加成分又有所限制，使「春和堂」最終不再生產中成藥。以「滴耳油」為例，當中原有熊膽，後來因為黑熊是受保護動物而無法再用，但少了一種成分會影響效用，減去此藥材後，當時有客人反映「滴耳油」效用不如從前。雖然一味藥有代替品，但一來試驗需時，二來也尊重當時不想做壞招牌的老一輩的決定，所以「春和堂」就沒有再生產中成藥。

為了在急速變化的香港生存，「春和堂」過去曾有嘗試賣涼茶材料。然而人多數人都不願意花時間自己煲涼茶，寧可光顧涼茶舖。最終售賣包裝涼茶原料的計劃也未有成功。

涼茶與社區

不同年代或不同分號都各自有特定的顧客群。李先生憶述太公的年代有很多碼頭工人光顧，尤其是獨身來港謀生的男士，有時頭暈身熱，家中卻又無人照顧，便到涼茶舖飲一碗涼茶當作看醫生，所以又有人稱涼茶為「寡佬茶」；廟街舖在李先生的祖父及父親的年代，則有很多警察來飲一、兩碗涼茶，至於最後付款與否則要看他們心情。

李先生投身涼茶舖工作時仍有分店，需要不定時到不同舖位巡視。全因爺爺說如果要看到同事真正的工作狀況，就要在不固定時間巡舖，而正正因為有此經歷，李先生對自家涼茶舖及顧客的了解亦更全面。李先生自 1991 年打理「春和堂」開始，則留意到顧客類型實在廣泛，既有專門駕車來飲涼茶的的士司機，也有熟悉的長輩，及從小到大一起光顧的街坊兒孫，其兒女甚至比李先生更為年長；更有不少附近麻雀館的顧客光顧，有時候在麻雀館打牌的客人會叫職員幫忙去買涼茶降火，因為麻雀館不會和這群客人算賬，只算是贈送的服務。對李先生而言，麻雀館客人可說是幫補了不少生意，很多麻雀館老闆更是看着他長大，亦會到涼茶舖飲涼茶和聊天，體現社區內的經濟循環。不可不提的是，「春和堂」的客人中也不乏外籍家庭傭工，他們會幫僱主買涼茶回家，自己亦會飲用。近年也有南亞族群光顧，李先生

指雖然沒有特別向南亞族群介紹涼茶的成分及好處，但由於大家居於同一社區，可能口耳相傳間社區中的其他人告訴了他們涼茶的好處，又或者以他們個人的觀察，實情則不得而知。當時尚存的涼茶舖中，最熱鬧的一定是廟街舖，當年很多人都會去廟街閒逛，老街坊也還健在，所以到晚上十時多還很熱鬧；深水埗石硤尾街店生意則流轉較慢，但經常光顧的老街坊往往會於「春和堂」坐下，一聊就大半天。

昔日涼茶舖與社區、街坊的關係緊密，李先生作為店東表示很珍惜一群熟客。以前深水埗和彌敦道的店舖有放酸枝桌椅，讓客人坐坐、休息，大多都是老人家會在店內坐、聽收音機；廟街的店舖雖然沒有那麼多空間，但每天都有不少客人在店內聊天。有些顧客更會埋怨涼茶舖星期三休息，令他們有一天沒有涼茶飲；也有客人會到不同「春和堂」分店嘗試同一味涼茶，大多數會說還是廟街店的最好；亦有顧客會因應當天水準直接反映意見，例如涼茶太淡、太稀。

### 涼茶傳承的困境

沒有繼承人、行內沒有足夠師傅、大眾對涼茶的接受程度不高，都是當年「春和堂」暫時休業的原因。李先生形容經營涼茶舖除了休息時間、與家人相處時間較短外，工作環境也十分惡劣。昔日煲涼茶時不能開風扇，因火水爐一吹風就會受熱不均或增加危險性，他本人就曾被燒到眼眉，現時大多轉用較容易操作的電爐，但功效較差，他本人因此不太希望兩名女兒繼承家業。

李先生直指行內人手短缺應該是大部分老涼茶舖面對的問題。就煮涼茶而言，年紀大的同事吃不消，既沒有冷氣又辛苦，故此流失率很高。後期涼茶舖只餘一位煲涼茶同事 ——— 鄧師傅，他是由以前未退休的師傅經觀察後挑選及傳授秘訣。傳統來說，為避免涼茶方外流，會特意分開執藥和煮涼茶的同事，只是後期人手過於不足，又信任鄧師傅，執藥和煲涼茶均交給他，而他也從 2000 年一直任職至 2018 年「春和堂」結業為止。

　　「春和堂」於 2018 年結業，李先生提及大眾對涼茶的接受度始終不高。李指一來市場上涼茶質素參差不齊，影響大眾觀感；二來中藥和涼茶不及西藥快見效，因涼茶和中藥都是需要由內去調理，大眾為免影響上學及工作，寧可去看西醫；加之涼茶始終較難入口，有一段時間不少年輕人都不喜歡飲用涼茶，覺得是要花錢買不好喝的飲品。李以自己的女兒為例，女兒們均坦言若不是家中經營涼茶舖，一定不會習慣涼茶的味道，更不會在外出時選擇飲用涼茶。不過，李於 2022 年接受訪問時亦提及，現時年輕人不如以前般抗拒中藥，對中藥的了解更多，又以一項非遺來推廣，可能使大眾對涼茶的接受程度較以前高；其女兒有意重新開涼茶舖經營，未來「春和堂」或有重開的一天。

## 「春回堂」東主 —— 林先生

林先生在 1970 年代於香港出生。家中四兄弟姐妹，長兄及長姊從事西醫，他和三姐則於 1992 年正式成為「春回堂」的主理人。早年負笈澳洲修讀工商管理，接手「春回堂」後，為對打理之業務有更全面理解，才進修中醫。

林先生的爺爺林少泉於 1916 年設立「回春齋」，又先後開設「回春堂」及「春回堂」兩分號，至 1980 年代三號歸一，只餘「春回堂」屹立至今。「春回堂」的歷史彷彿只用寥寥數筆便可概括，背後的發展卻歷經家族的積累及努力。一段涼茶業的發展便由林先生娓娓道來。

### 從車仔檔至涼茶舖

林先生的太爺本身是廣東當地的「採藥郎」，採生草藥供應予當地藥材行或直接在市集販賣。在家庭環境耳濡目染下，爺爺林少泉對生草藥及鄉間的方義均有一定了解，故在 1900 年代來港時，便從自己熟悉的行業出發。初來甫到，林少泉尚未有本錢開設涼茶舖，只能先煲好涼茶再放入木頭車，於中環一帶四處兜售涼茶，也是在現時「春回堂」所在的閣麟街舖位附近四、五條街走販。按林先生推斷，當時中環人口相當稠密、對涼茶需求較大，所以生意應該都尚算不錯。眼見中藥材貿易及涼茶生意均有前景，爺爺林少泉在 1918 年便於中環開設藥材行及涼茶舖。

開設藥材行有行內特定的規矩，不能貿然隨心行事。當時「生草藥佬」跟負責熟藥的「執藥佬」有明確分別，因當時中藥材大多是原藥材，需要自行加工，例如川芎收回來便是一整個球體，藥材行需自行再蒸、切片，與現時有已處理好的中藥材藥片進口的情況有所不同。藥片大概出現於改革開放後，港商受邀回內地投資，當時香港的藥材加工商才回國投資，並教授內地人員藥材相關的海外處理規格。爺爺林少泉是生草藥佬，對熟藥相對沒有那麼在行。當時藥材行主事的大多來自南番順一帶，即當時的南海縣、番禺縣、順德縣，他便找了一名來自廣東新興，姓甘的朋友幫忙。當時新興人基本上壟斷了香港的中藥材市場，所以甘先生找了同鄉和朋友來幫忙，故而初時藥材行的工人都是甘姓。

　　「春回堂」先後有「回春齋」、「回春堂」及「春回堂」三分號，當時各分號各司各職，各自負責專屬範疇。「回春齋」有駐診中醫；「回春堂」專職執藥；「春回堂」則主理生草藥及涼茶。後來於1980年代初期，「春回堂」位於閣麟街11號的店舖舊址因興建中環至半山自動扶手電梯之故而搬至現址，以及停售銷情未如意的生草藥，並將看症、執藥、涼茶三項服務一併歸「春回堂」負責。

## 涼茶 ─── 「苦茶」與「甜茶」

　　「春回堂」所賣的傳統涼茶最開始只有「苦茶」和「甜茶」兩種，亦即是廿四味和五花茶。即使是現時可見的感冒茶、夏桑菊和龜苓膏，也都是後期新增的產品。涼茶的「涼」字原本應為「兩點水」的「凉」字，意指有解熱、消滯、清涼的功效，惟後來「涼」與「凉」字兼用，至今大多已用「涼茶」代「凉茶」。最傳統的涼茶應只用「西土藥」，不會摻入「南藥」和「北藥」。現時新的涼茶舖則有可能混合不同配方，甚至舊涼茶舖也可能因為早年民間智慧互相交流的情況下，在傳統的涼茶方中混入「南藥」和「北藥」。以酸梅湯為例，其是否屬傳統涼茶也甚富爭議，因烏梅並非出自兩廣，只是香港開埠之時，上海人等已把酸梅湯帶來香港而令酸梅湯在香港普及，昔日也常見於舊涼茶舖，久而久之大眾也將之視作為傳統涼茶。

　　店內所賣的五花茶也有類似情況，「春回堂」多年來沿用祖父輩的涼茶方，以金銀花、菊花、木棉花、雞蛋花、葛花熬製五花茶，菊花也一直堅持用杭菊。以此方煮成的傳統五花茶應為咖啡色，未有因應需要而調整五花茶的配方，亦未有添加更多不同類型的中藥材或以同效用的中藥材替換原有的五花。「春回堂」對糖分的添加亦固有自己的一套做法，五花茶中以加入冰糖為主，也可以加羅漢果，砂糖等則不作考慮。

傳統涼茶有大概常見的成分，然而實際成分及比例上卻各家都有所不同，從「春回堂」所賣的「苦茶」廿四味更可見一斑。常見可用於熬煮廿四味的包括三十多種中藥材，如：崗梅根、救必應、榕樹鬚、山芝麻、布渣葉、桑葉、淡竹葉、三椏苦、鬼羽箭、五指柑、葫蘆茶、木患根、鴨腳木、金錢草、水翁花、千層紙、青蒿、紫蘇葉、金櫻、黃牛茶、苦瓜桿、九節茶、火炭母、相思藤、露兜根、地膽頭、白茅根、海金沙、蔓荊子、荷葉、野葛根、蒲公英、蘆根。除卻專賣一味的「公利」真料竹蔗水及「三不賣」野葛菜水等，大多坊間涼茶舖均有售名為廿四味的涼茶。然而，縱使名字相同，其成分及比例卻是家家不一，部分店舖會用少於二十四味中藥材熬煮廿四味，亦有部分店舖會用多於二十四味，這類情況於涼茶舖並不常見。

　　從林先生的角度看，涼茶應是複方涼茶，獨味單方則未屬涼茶。因涼茶有君臣座仕，甚麼是主藥，甚麼是輔藥，是有系統、廣泛認同的民間配方，涼茶本身正正是累積而成的民間智慧，即使簡單如五花茶也有五味互相配合。

## 熟藥與生藥

昔日藥材行進口的都是原藥材，需由藥材行自行加工，所以熟藥師傅對藥材行極其重要。當時「春回堂」有部分藥材需要自行加工，如進貨回來的牛膝需要再經炒製；益母草需要酒製；艾則需醋製。「春回堂」故特設師傅專職藥材加工，一樓兼作工場、貨倉、廚房之用，而在1980年代現舖加建之前，藥材加工師傅更可直接在天台及騎樓加工、曬藥。

「春回堂」早年除熟藥以外，同時也兼賣生草藥。生草藥的加工則比北藥較為簡單，只需洗淨及反覆曬乾便可儲藏更長時間。林先生指家人曾提及，當時「春回堂」入舖後，在店面一個角落放有用泥或水種的生草藥，以供出售。而除新鮮生草藥外，過往「春回堂」亦曾出售富藥用價值的昆蟲，如有解毒之效的田螺蟲及可吸走瘀血的水蛭，更有金錢龜出售。然而，因應1970年代末政府考慮禁止境內狩獵活動，1979年因《野生動物保護條例》（香港法例第170章）中限制以任何陷阱狩獵任何野生動物，而使金錢龜較難合法捕獲；及於1980年代時生草藥需求下降之故，「春回堂」便正式結束其生草藥業務。

林先生提及，「春回堂」所使用及販賣的藥材應是一直自中國內地批發而來，除了韓戰援朝及文化大革命期間，港商難以從中國內地進口藥材，而需在本地找代替品。林提及雖未能完全確定，但祖父母一輩進口用作販賣及煮涼茶的藥材，均從香港的中藥商中批發，貨源應為內地。「春回堂」亦一度加入中藥材批發的行列，開設了「昌利盛」，以批發西土藥為主，後來卻一同結束營運。林先生亦提及，有採生草藥的人上門推銷，會問需要甚麼藥材及確認交貨日期，1960至1970年代因進口困難，「春回堂」便自行找人去大嶼山採藥，再交回來。當時曾有採藥師傅（楊伯）到大嶼山採藥，既可以要求他將各式藥材都採回來，也可以要求特定生草藥。除需用作替代藥材的時期，生草藥大多用作直接售賣，店內煮涼茶則多用已曬乾處理的生草藥，較少用新鮮生草藥。生草藥主要用於外敷，也有部分用作飲用，獨味單方或複方均有。

## 涼茶傳承的困境

　　近年中醫藥及涼茶重回大眾視野，涼茶業難以傳承的原因不再是顧客不足，反而是缺乏熬煮涼茶的老師傅。以2003年為例，很多內地及香港顧客拿着抗沙士藥方來執藥，當時「春回堂」的生意極其繁忙，甚至板藍根尚未來得及切片，仍是一塊樹頭狀已要賣給顧客，相信顧客回家需要再熬一段時間才會出味。尤其當時「春回堂」已較少加工藥材，工具也不如父親那一代齊全，近二十年來已全部都是藥片，父親經營後期入口的貨物已是藥片狀，例如何首烏不再需要一整塊送來藥

材行再蒸熟及加工等。2003年對於藥材行而言是突如其來的生意高峰，藉此可見中醫藥及涼茶有望重回黃金年代，但因行內人手有限，難以應付。

在此環境下，人手安排是藥材行面對的最大問題，「春回堂」的分號相繼結業也是同一原因。林先生直言「春回堂」在他這一輩後很可能不再營業，沒有人繼承的話，自己一人做不到多少事。當時會回來接手也純粹是因為機緣巧合，當時父親正申請移民，需要信賴的人打理生意，便建議他不如回來接手家族生意，父親原本也不期望林先生會學習中醫知識，只是林先生認為入行後始終應對中醫和藥材有更多了解為佳，便特意考取中醫執照。

而行內師傅短缺的問題，亦是「春回堂」未來難以傳承的原因之一。林先生提及現時很少年輕人入行，形容為「將多兵少」，讀中醫的人多，做藥材的倒是很少。即使是有人入行，現時夥計質素也需要多年經驗累積方可與老師傅看齊。故近年興起顆粒劑等商品，對顧客的效用未必是最好，但對經營者而言是最符合經濟效益的方法，因用顆粒劑配藥所需的工夫遠較用藥材配藥少。尤其是在人手方面，用顆粒劑配藥的話即使請一名新手，十天八天也應可以上手，但傳統的熟藥師傅則需要數年時間才可熟習常用的藥材，冷門的中藥材則需要更長時間。「春回堂」以前各有生藥及熟藥師傅於店內留宿，煮涼茶的生藥師傅會於清晨開始煮涼茶後，到蓮香樓飲早茶，看好時間後再回到「春回堂」繼續下一道工序。

## 香港涼茶業的特點

即使是大眾眼中的傳統老涼茶舖，在經營的數十至百年間，都曾因應政策、環境和需求而調整他們販賣的涼茶及提供的服務。我們現時所熟悉的涼茶舖或許均只着重於涼茶一項，然而，昔日涼茶舖的種類卻更為多元，所提供的服務亦非單單只是售賣涼茶，更為大眾提供在尋求醫生協助前的自行調理。早年部分涼茶舖涉獵的範疇更廣，又可以說涼茶只是這些提供「一條龍」傳統中式醫療服務的其中一環。他們既是涼茶舖，一般大眾為免在醫療花費太多，又自覺身體只是出現上火、濕重的症狀的話，大多會到涼茶舖買一碗涼茶飲用，緩解不適；也是診所，有些涼茶舖的東主或許本身已有傳統醫學知識，也特意聘請中醫坐館，而在未有中醫登記制度之前，部分富經驗的掌櫃甚至也會開藥方予客人；更是藥舖，他們售賣中藥材及生草藥，還會代客按特定藥方執藥，甚至製作中成藥出售。一間小小的涼茶舖，承載了民間醫療的種種功能，是一個分擔了公共醫療服務的角色。

## 涼茶種類

大多老涼茶舖於初開業時大多專注於販賣單一味或兩種涼茶，然而涼茶舖的經營模式或產品於不斷傳承時卻會因應時代、環境、需求而有所調整。老涼茶舖在大眾眼中往往與「傳統」一詞緊密相連，但傳承多年的涼茶舖並非一成不變，為了在不斷改變的時代下繼續生存，

涼茶舖都各出奇謀。單從涼茶舖所販賣的產品為例,有涼茶舖堅持只賣當年開業時已有的涼茶,例如「公利」真料竹蔗水、「陳賓記」的竹蔗水、「三不賣」的野葛菜水、「黃碧山涼茶」的水翁花茶。但更多的涼茶舖,則難免要因應需求或政策規限而增減其所賣涼茶及其他保健食品。以「春和堂」及「春回堂」為例,兩店於開業之時均只賣兩種涼茶 —— 廿四味及五花茶,即「春和堂」的「單眼佬涼茶」和五花茶、「春回堂」的「苦茶」及「甜茶」。

　　「春和堂」多年來只賣「單眼佬涼茶」和五花茶,並非是由於大眾對不同款式的涼茶沒有需求,而是出於老一輩對品牌、聲譽的追求。出於對營運、營利的考慮,過往李先生的朋友也曾提議他們可以增加所賣涼茶的種類,以吸引不同喜好、需求的顧客,然而李的母親卻大力反對,直言一旦使用不是上一輩留下來的藥方而出現問題,恐會敗壞「春和堂」多年來的名聲,故多年來「春和堂」也只賣「單眼佬涼茶」和五花茶兩種涼茶。而「春和堂」所賣的廿四味,之所以沿用「春和堂」的暱稱 ——「單眼佬涼茶」,而不是藥方的名稱,則是因為在申請涼茶許可證時,需減少使用原藥方內的部分中藥材,「春和堂」為避免出現廿四味不足廿四種藥材的爭議,因而只稱「單眼佬涼茶」。雖然「春和堂」在其所賣的涼茶種類上有自己的堅持,但作為社區中的涼茶舖,「春和堂」會聆聽顧客的意見,而對產品進行市場調查。對他們而言,老客戶的意見亦同樣是質素檢查的重要一環。李提及,曾有老客戶指他們的「單眼佬涼茶」時濃時淡,他們便會再試味,並在第二天煮涼茶時加倍小心。

「春回堂」卻採取和「春和堂」不同的取態。「春回堂」最初只賣「苦茶」及「甜茶」兩種涼茶，後來因應社區內的客戶要求，陸續增加了花旗蔘茶和感冒茶。龜苓膏亦作為後來增添的產品，現也是「春回堂」的招牌之一。現時「春回堂」的舖位有提供位置讓顧客坐下食龜苓膏或飲涼茶（不過大部分買涼茶的都是站着飲用），林先生提及，這部分的位置於1990年代前曾租予攝影器材公司。隨着愈來愈多老客戶希望「春回堂」可以兼賣龜苓膏，他們才於1993至1994年間收回該部分，騰出位置兼賣龜苓膏。

## 服務轉變

位於中環的「春回堂」自1916年的「回春齋」起已傳承百年，並且自入舖開始，已將藥材行視作重要定位。在百年前生藥及熟藥界限分明的年代，本業作為「生草藥佬」的林少泉老先生，更是為開展其藥材行業務，而特意請熟悉熟藥的「執藥佬」甘先生幫忙介紹夥計。時至今日，藥材行所提供的服務仍是「春回堂」日常重要的一環，尤其是其執藥服務。「春回堂」不單止要處理坐館中醫所寫的藥單，日常也需要處理「外單」，即來自其他診所的藥單。第四代東主（即本次的受訪者林先生）曾提及，現時不少老式藥材行的規模縮減，普通藥材行用到冷門藥材的機會較少，所以如有顧客需要用到較罕見的藥材，都會拿着藥單到「春回堂」執藥。林先生特別提及，過往位於中環中心的一所支援抗癌人士的機構，其所寫出的藥單不少都涉及較罕見的中藥材，但

因其不提供執藥服務，客人均會到「春回堂」配藥。「春回堂」亦曾有新鮮的生草藥出售，林先生雖未有親眼目睹，但聽聞在剛入舖時，「春回堂」在店面的一個角落放有用泥或水種的生草藥，只供顧客購買，而店內煮內服藥及涼茶則較少用。及後因應生草藥流轉較慢，對經營沒有太大幫助，「春回堂」在林先生於1992年接手前已沒有再販賣生草藥。

而「春和堂」一直至1980年代末前，亦同樣兼任藥舖及蔘茸行。李先生過往曾聽祖母提及「春和堂」營運的故事：在「春和堂」仍是其祖父母經營的時候，他們往往在凌晨1時多才關門，但凌晨4時多又要早起準備曬藥材及生草藥，中藥材往往為了保存更長時間、不發霉，而需要反覆曬乾。當時李的祖父母主要負責處理及加工藥材，煲涼茶則另外有師傅專門負責。「春和堂」作為藥舖，並不單單出售生藥及熟藥和提供執藥服務，過往亦曾出售中成藥及預先包裝的涼茶包。李指「春和堂」的中成藥最遲於其祖父一代已有出售，太公（即李鏞昌）一代因年代久遠，李則指未能確認。李指出，「春和堂」所賣的中成藥對普羅大眾而言是有在家中「看門口」、旁身之用，更有已移居外地的港人在回港時特意到「春和堂」補貨，再帶回外國。然而隨着時代變遷，人手短缺及新政策讓「春和堂」於1980年代及2000年代末先後停止其執藥及中成藥製作服務。《中醫藥條例》（香港法例第549章）生效後，中醫的註冊、中藥業者的領牌、中成藥的註冊、中藥的製造、管有及銷售均受條例規管，過往「春和堂」內售賣的中成藥亦不例外。李亦提及店內中成藥的部分配方在新條例下被限制使用，如「春和堂」的

「滴耳油」中含有的熊膽成分便受《保護瀕危動植物物種條例》（香港法例第586章）所監管。李在訪談中亦曾提及，「春和堂」亦曾嘗試修改其配方用藥，以適應監管限制，然而按顧客反映改變後的中成藥效用不如舊藥顯著，「春和堂」在不希望影響聲譽的情況下寧可放棄繼續製造中成藥。

## 模式改變

　　行內人手短缺的問題對傳統涼茶舖的經營有決定性的影響。作為傳統涼茶舖的「春和堂」及「春回堂」，人手短缺問題同樣嚴重，兩舖在父輩執業期間，從主理人到熟藥師傅、涼茶師傅，都曾找到可信的人選。但隨着社會發展，新一代的發展不再限於承襲家族、父母傳承的知識和職業，如「春和堂」李先生的兄姐都沒有隨祖父學習涼茶及中醫藥知識，反而分別修讀醫科及護理；「春回堂」的林先生本身修讀商科，1992年時因機緣巧合接手「春回堂」，全因當時父親打算移民，又不忍結束「春回堂」生意，林直言「春回堂」在他這一輩後，在既缺乏行內人手也沒有人繼承的情況下，很可能會直接結業。

　　上文提及「春和堂」於1980年代熟藥師傅質素參差，由於當時未有牌照證明，往往只能按熟藥師傅口述過往的經驗而決定是否聘請。然而，當時所聘請的師傅經常出錯，又對各類中藥材不夠熟悉，「春和堂」因而果斷決定不再提供執藥服務。「春回堂」亦有同樣困境，甚至是分號相繼結業的其中一個主要原因。林先生提及，父親主理「春回

堂」的年代，熟藥師傅都能獨當一面，讓人放心，現時他則需要對師傅多加提點，避免出錯。過往店內曾有一經驗老到的熟藥師傅 ── 三叔，林十分信賴這位老夥計。三叔籍貫新興，在林的祖父一代在「春回堂」學師，二十歲時出外打滾，更曾自行開店，直至年近70歲才重回「春回堂」工作，照顧舖中大小事務至2000年左右退休。同樣於2000年左右退休的還有一名涼茶師傅 ── 蝦叔，他的退休則改變了「春回堂」涼茶部分的經營模式。為了方便每天凌晨開始煮涼茶，昔日涼茶舖的涼茶師傅不少都會在涼茶舖內留宿，「春回堂」的蝦叔便是如此。他每天早上先把煮涼茶用的第一批藥材放入爐中，到附近的蓮香樓飲早茶後，才再回到「春回堂」繼續煮涼茶的工序，十年如一日，周而復始。在蝦叔退休前，林先生因應行內人手不足的問題，已打算將煮涼茶的模式改成以人手結合機械，而不用只依賴一名涼茶師傅。每天下班前，林先生或其他「春回堂」的夥計都會先準備好煮涼茶需要用到的中藥材及水，設好時間後機器便會在凌晨自動按不同特性中藥材的先後次序，分批下到爐中開始煮涼茶，後續的工序則可待其他夥計上班後才處理。

## 涼茶舖在社會變遷中的適應力

傳統涼茶舖曾以不同方法適應時代的挑戰。就店舖整體而言，不少傳統涼茶舖都不單單售賣涼茶而已，傳統涼茶舖涉獵更多不同的服務，包括買賣中藥材、代客按藥單執藥，部分有坐館中醫的更提供診症服務。上文兩間傳統涼茶舖的案例，反映他們都曾因為人手、條件的限制，調整他們的服務內容，以在多變的經營環境中生存。單單就

涼茶方面而言，傳統涼茶舖往往與社區緊密連繫，不少顧客都會帶他們的下一代來光顧，所以顧客的意見及回饋對他們的經營而言至關重要。在條件多變的年代，傳統涼茶舖或增或減他們的產品，部分更嘗試出售涼茶以外的產品，或改變沿用多年的營運模式，以適應環境。當中有涼茶舖成功屹立不倒，也有傳統涼茶舖不再傳承而結束營業。香港的涼茶業既有人離開，同樣也有新血加入，繼續發展，讓涼茶繼續成為香港人日常生活和大眾保健中的重要一環。

## 澳門的涼茶發展

香港、澳門同屬嶺南地區，又分別曾被英國、葡萄牙殖民管治，初期的城市及華人社區發展均不乏相似之處。從澳門的涼茶業，我們更可以看到香港涼茶業已消失的元素，更全面地了解香港涼茶業的建構。香港和澳門兩地的涼茶業大多均以涼茶檔、涼茶攤開始，從一名小攤販逐漸累積資本，最終開設門市。香港的小販管理行業歷經多番變遷，如 1910 年 4 月 12 日其管理單位由撫華道改為巡警道（《香港華字日報》1910）；戰後 1946 年小販業務重新登記（《香港工商日報》1946）；而自 1983 年起政府以特惠金鼓勵小販退還牌照（《大公報》1983；《華僑日報》1983），香港的小販數量便逐漸下降，至今已很難在市面上找到賣涼茶的攤販；反觀澳門則至今仍可在街頭找到涼茶小販，讓大家一探昔日涼茶業的運作模式。

不少澳門的涼茶舖也是從涼茶檔開始，早在1931年便已有對涼茶舖的記載。《澳門商業人名錄》便記載一則「顯記涼茶」的「打油詩」廣告：「本店賣涼茶，創始第一家。火路最充足，座位最清雅。增設播音機，可以消餘暇。功能消積熱，妙處實堪誇。仿同飛羽殤而醉月，何必開瓊筵以坐花。諸君盡興來，且試好涼茶。」（黃桂蘭 2020）第二次世界大戰期間，當時因澳門宗主國葡萄牙屬中立國，不少廣東及香港人士先後往澳門避難，大量著名中醫、中藥店，甚至是藥廠均紛紛遷至澳門，以確保繼續運作，當中便包括大名鼎鼎的「廣州陳李濟藥廠」；戰後，不少暫時遷澳的中醫藥店及藥廠均紛紛遷回舊址。

　　1941至1945年間，因短時間內大量人口遷入澳門，當中又多是逃避戰爭、臨時離開的人們，在生活環境衛生情況和醫療條件未如理想時，基層大眾對涼茶的需求急速上升，視之為便宜的醫療手段。1950至1960年代同屬香港和澳門涼茶的黃金時代，1958年時在澳門人口只有15萬的情況下，《澳門年鑑》中列出的「生藥涼茶」一項，記載了當時澳門街頭的涼茶舖有28家，涼茶檔則逾百家（黃桂蘭 2020）。

　　至今，澳門涼茶業依然分為涼茶檔及涼茶舖兩類，同時也有中藥房有配製涼茶的服務。與香港的老涼茶舖一樣，不少涼茶舖都源於最開初的涼茶檔。相對涼茶舖，涼茶檔因規模及人手所限，大多只專注

在賣涼茶。「呂家園涼茶」的現任東主呂氏夫婦，自1974年接手上一輩的涼茶檔生意後，開始在眾多工友和居民聚腳的工人康樂館擺賣，多年來只出售廿四味感冒茶及五樣花甜茶。呂太太指他們雖然只賣兩款涼茶，卻會因應時令、季節變化而調整涼茶配方。「萬家安涼茶」則於1985年由檔主王平創立，他過往曾在鄉下學習中醫知識，檔上有售精煎廿四味、加冰五花茶、特效感冒茶、排毒降火茶、清熱祛濕茶、潤腸通便茶、特效痔瘡茶、清利咽喉茶、勁料重感冒止咳茶、祛痰止咳茶等多種涼茶，他會因應客人需要並針對涼茶檔所販賣的不同涼茶而作出建議。而甚受澳門人歡迎的「霍華記涼茶」則已結業，早年「霍華記」應只售祛濕五花甜茶及祛感苦涼茶兩種，後加入止咳茶及特效感冒茶。

　　在涼茶舖中，「大有益涼茶」、「顯記餅家」涼茶部、「大聲公」、「霍華記」、「大鄉里」、「三坑瓦」、「百家昌」等涼茶舖均是一代澳門人的集體回憶。「大聲公涼茶」與香港不少老字號一樣，自創辦以來，歷經涼茶盛行、業務擴充的年代，也經歷過經營困難的時期，現今只餘賣草地街之舖位，只售廿四味（外感茶）及菊花茶兩種涼茶，其廿四味的材料則同樣包括崗梅根、山芝麻、布渣葉、冬桑葉、淡竹葉、三椏苦、鬼羽箭、救必應、五指柑、葫蘆茶、榕樹鬚、木患根、鴨腳皮。位於澳門風順堂區清平巷的「玄益涼茶」則創於1950年，有賣五花茶、三椏苦涼茶。香港的涼茶舖為招徠客人曾設收音機、電視，「玄

益涼茶」也曾為吸引更多客人，於 1960 年代兼租「連環圖」，即類似現今常見的漫畫形式，是用以講述故事的連續圖畫；還在 1970 年代兼賣「白鴿票」。早年「漫畫」及「連環圖」的定義有所不同，魯迅便曾於 1930 年提出「漫畫」應是抒發情感、隨手而畫的意思，而「連環圖」則是講述完整故事的連載、創作（蔡盛琦 2009）。近代「漫畫」及「連環圖」均已被理解作講述故事的連續圖畫，1981 年創辦的《連環圖日報》，便連載了不同漫畫家的作品，如上官小寶、馮志明等（香港記憶及香港藝術中心 2023）；「白鴿票」以「千字文」頭八十字賭博，始於「天地玄黃，宇宙洪荒」，止於「龍師火帝、鳥官人皇」。初時將白鴿按這八十字編號，如同賽馬一樣需猜中最先到達目的地的白鴿；後期玩法與現時香港的六合彩有所類似，買方可於此八十字中選出十個字下賭注，票廠則會每次開出二十個字，而按所中字數計算不同等級之獎金，押中特定字數以下者則不獲派任何獎金。澳門現時仍有「白鴿票」，只是改以編號代替文字，已和六合彩無異（澳門特別行政區政府旅遊局 2023）。香港過往也曾有「白鴿票」，從 1872 年由港督麥當奴所頒布的《禁賭告示》中就曾提及「白鴿票」（魯言 1978）。涼茶舖「海清純」亦始於涼茶檔，由鄭仲輝父親清叔於 1950 年所創立，初時清叔以竹織茶壺沿途叫賣涼茶，隨着生意漸入佳境，1960 年代改以手推車販賣，1970 年代則改用單車叫賣。及後，鄭仲輝於 1995 年自新西蘭回流澳門，於 1999 年創立第一家「海清純」店舖，並持續擴展業務，在珠海也設有分店。

澳門與香港同屬嶺南地區，又是特別行政區，兩地涼茶業的發展雖稍有不同，但更多是類似之處。兩地的老涼茶舖大多均從涼茶檔開始，只是由於香港政府近年停止批出新小販牌照，大多新涼茶業經營者都直接開設涼茶舖。兩地同樣因為生意起伏而歷經業務擴充或收縮的年代，更會尋求新方法招徠客人，在城市中謀生活；更同樣會有傳承問題，老涼茶檔和涼茶舖都有可能消失，但也會有新的涼茶舖開幕，構成一個生生不息的循環。

## 涼茶舖生生不息的發展

　　按一份港九生藥涼茶總商會1960年代的會員名單，其名單上大部分存在於1960年代的涼茶舖已不復存，僅有「回春堂」（即「春回堂」）及「公利」真料竹蔗水尚在營運中。雖然有不少傳統涼茶舖已先後結業，但其實同時也有不少涼茶舖於1980至1990年代開設，當中有連鎖品牌如「鴻福堂」及「恭和堂」，亦有小本經營如「三樂涼茶」、「百寶堂」和「善福堂（佐敦）」，更有新品牌「良茶隅」於2013年正式開立。香港的涼茶舖，甚至生草藥業，不少均是由來自廣東（如番禺、東莞、清遠等地）的移民所創，其服務對象主要是來港打工的旅人。早期香港歷史的「移民」，並不單指那些來港定居的人，中途停留或路過的「旅人」或「旅客」也同樣被計算在內，即使部分旅人只停留在船

上，並未到達香港陸地。它們對人流、商品流動，甚至政策制定均有至關重要的作用。按1855年《政府憲報》所載，當時政府僅規定遠洋船需攜帶特定數量的西藥，以符合船上人員所需（Endacott 1964）；但其後因應華人出外頻繁，1869年《政府憲報》則規定由香港出發運載華人民工的遠洋船，必須配備特定清單上的中草藥，以便製成涼茶，供船上生病的華人飲用。此前，則只規定需配備特定西藥供乘客及船員服用，可見「旅人」對香港法例的影響（Leong 2019）。

這些流動使香港成為「中間點」，最終更幫助香港建立全球網絡，贏得商譽，與世界各地的華人社區分享知識和想法，尤其是在北美。隨着與世界各地華人移民在不同層面上的不斷交往，這些流動成為隨後數十年發展航運、零售和批發等多種業務的核心基石，影響了經濟、社會和政治的發展。涼茶舖從顧客群體的流轉與改變、產品因應需求而加減、進口及轉運中藥材及生草藥、出口中成藥等方面，亦正正體現了這些發展。香港的涼茶業面臨諸多挑戰與機遇，部分成功堅守，部分急流勇退，但又有新涼茶舖投身香港的涼茶業，形成一個循環。

從涼茶舖東主的訪談，闡釋香港生草藥業發展的興衰與社會發展的關係。

# 第三章

生草藥與社會變遷

於第二章中，涼茶舖「春回堂」的東主林先生曾提及他們在早年經營時，不單單是代客執藥、買賣熟藥，也曾兼賣生草藥。林指家人曾提及，在祖父一代剛開舖之時，店內便有一個角落擺放生草藥，祖父一代更會於店內種植少量泥種或水種的常用生草藥，後來長輩眼見生意需不停購入中藥材，更自行開設着重西土藥批發的「昌利盛」。於1985年由香港中華煤氣公司所出版的 *Chinese Cookbook* 更留有當時「春回堂」老舖「回春堂」擺放及種植生草藥一隅的照片（Perkins 1985）。可惜，生草藥難以長期保存，不久後便因需求下降，及整體買賣週期較長，在成本高而利潤低的情況下，「春回堂」便不再售賣生草藥。

春回堂的生草藥角落，1985年（受訪者林先生提供）。

較值得留意的是，生草藥在不同特殊時期的香港均有用作取代北藥的功能。在第二次世界大戰期間，中藥材因運輸困難而難以從內地進口香港，大多店舖均只能依賴舊有存貨。而由於當時中藥材供應短缺，不少中醫只好盡可能善用香港本地出產的生草藥代替，如以山蒼根、假蒟葉、五指毛桃、薑花頭等，可組成健脾、溫中、滲濕的藥方，以治療營養性水腫；又用本地極常見的狗肝菜代替羚羊角；牛大力及千斤代替杜仲（謝永光1998）。

　　按「春回堂」林先生提及，1960至1970年代時，因應香港難以與內地進行貿易，「春回堂」曾自行請人到大嶼山採藥、收購生草藥，以應付「春回堂」對生草藥或用藥的需求；亦有俗稱「生草藥佬」的採藥人自行上門推銷自採的生草藥。由此可見在有特殊困難的時期，使用具類似功效的本地生草藥代替原有藥方中的熟藥，並不鮮見。而因應林提及過往「春回堂」曾在1960至1970年從大嶼山獲得所需的生草藥，我們便藉此線索，以大嶼山不同村落為案例，就過往本地生草藥在採集、應用及買賣方面進行調查。

## 大嶼山的生草藥應用及買賣

## 個案一（東涌）

黃伯

　　居於東涌黃家圍村的黃伯見證着東涌從一片片農田和山野到現今城市化的歷程。他對於昔日村落的農村生活極為懷念，同時指出生草藥亦是他們一代人幼時的一大回憶。黃伯生於1940年代，父親為黃家圍村人，母親來自石壁的石壁大村，如同當時大部分村內兒童一樣，於東涌小學完成學業後，即投身社會。

交通與醫療

　　為配合赤鱲角機場發展方案，大嶼山在1990年代開始興建青嶼幹線，而在青嶼幹線通車前，1966年建成的東涌道流量甚低，大多數村民更習慣以水路來往梅窩及東涌。按黃伯提及，在1970年前每星期只有一班兼客船及貨船的班次來到東涌，直至1973年才有更多客船往來梅窩及東涌。因此，當時東涌一帶的村民如有不適或受傷，輕微病患或傷勢大多自行處理；若有嚴重的傷者需要送院，村民就會於東涌發射「穿雲箭」上天，讓屯門方向的居民可以看到，再派人送患者到瑪嘉烈醫院，故此不少老人都有親屬在送院途中離世的經歷。正正因為交通不便，大家都依賴「土方」救急，黃伯更指出，記憶中村內沒有特別擅長用生草藥的人，而是家家戶戶都會有人懂得如何運用生草藥。

## 家庭傳承

黃伯坦言，生草藥知識應是每名大嶼山已婚女性都有的技能，即使是黃家圍村附近的漁民村，應該也有他們自己所用的生草藥及涼茶配方。村內並沒有「赤腳大夫」，只有接生婆和會用火炙的村婆，不過火炙及類似艾炙的療法，均已失傳。反而其母親從前不時和村中婦女一同上山取柴時，都會留意四周是否有可用的生草藥，如果有便會帶回家中備用。生草藥的知識更是由一代的女性傳給下一代女性，他的母親也會教導其妹如何運用不同常見的生草藥，只是後來其妹遠嫁英國，在沒有實際運用的情況下，恐怕也已忘記，只是他仍會因應季節向妹妹寄去用以浸藥酒的生草藥，讓她可以自製藥酒應急。對於他本人而言，母親更多是教導他們有哪些果實或草藥可以食用，有哪些是有毒，以讓孩童不至置身危險之中。但現時黃伯只記得母親提及過以下草藥，及當年的採集地點和用法：

| 名稱 | 採集地點 | 村落用法 | 備註 |
|---|---|---|---|
| 崩大碗 | 田埂採集 | 碎後以熱水沖開，再加入冷井水撞開，飲用 | / |
| 水雍花 | 山溪、山澗的水面 | 煮開後加入片糖，飲用 | / |
| 桑箕藤（即桑寄生） | 山上 | 沖水飲用 | 割好後會曬乾存放於家中；為黃伯家中最常用 |
| 白花蛇舌草 | 山上 | 直接煮涼茶 | 黃伯家中常用 |
| 雞骨草 | 山上 | 直接煮涼茶 | / |

黃伯雖提及不同生草藥，但亦同樣指出現時有更權威的學術研究，事實上或與村落中的「土方」不同，如他家中最常用的其中一味涼茶，是加入木棉花、赤小豆、扁豆、薏米一併煮的「五花茶」，與坊間的大有不同。其他生草藥如黃擷子、鴨腳皮、桑樹、葛根等，黃伯則只記得用法，不清楚其他資訊。

採集生草藥

　　黃伯憶述採集生草藥是他的童年回憶，更是他孩童時最大的收入來源。他提及自1960年代開始，便有市區居民乘油蔴地小輪到東涌收購生草藥，大概於1975年前式微。由於黃伯當時年紀尚小，對收購者的身份並不了解，只是覺得收購者應該是生草藥仲介或工人，收購後再轉交予檔口。收購者一般不是提供生草藥的名字，而是會帶上實物作參考，讓他們按生草藥的外表尋找所需要的生草藥。黃伯指現時他尚記得他們會收購的其中四類生草藥，包括芙蓉根、大糯葉（連枝帶葉）、鴨腳皮及紫背天葵。當中芙蓉根在村屋邊已可以採集到，其他不同的生草藥則可以在鳳凰山及大東山一帶找到。他指當時村中的小孩大多都會在山野間一同玩耍，父母都不會如現代家長般擔心其安全，所以讓他們有機會以此賺取零用錢，甚至是幫補家計。小朋友更是幫忙採集生草藥的主力，因就他所知，東涌一帶並沒有人以採藥為正職，只能當副業，大多數人還是以種菜、種禾及養豬維生，於農忙時反而是部分未能下田的小孩最有閒暇採藥。

# 個案二（貝澳）

羅氏夫婦

　　羅先生為大嶼山貝澳原居民，羅太太則為原居於沙田觀音山的客家人，夫婦二人均生於1930年代。他們的成長和生活都與自然環境息息相關，按羅氏夫婦提及，他們自身會運用不同生草藥調理身體。例如是自己特意種植於田埂旁的車前草及狗肝菜、隨意在田邊便可採集的火炭葉（即火炭母）和白花蛇舌草。他們更會因應特定的症狀而使用對應的「土方」，如以鹹檸檬和油柑子用作止咳；於青草茶（即以生草藥煮成的涼茶）加入生熟薏米，以加強祛濕功效；以新鮮或曬乾的白花蛇舌草，煲水後加入青色圓檸檬，達至開胃消滯、祛熱毒之效。村落中的涼茶亦不單單有獨味單方，羅太太指在夏天腸胃不適時，她也會以車前草、狗肝菜、生熟薏米、火炭葉煮成涼茶飲用；更會以貝澳當地有包裹藥材的灰水粽當作涼茶。灰水粽可以曬乾保存多年，製成裹粽乾，羅太太在天熱時煮裹粽乾會加車前草，再直接煮10至15分鐘，當作涼茶飲用。

　　羅太太未婚時居於沙田觀音山，她坦言當時並不懂得如何運用生草藥，與生草藥有關的知識均由家姑於婚後傳授。羅氏夫婦亦指村內婦女大多會有以生草藥解決身體小毛病的「土方」，但若說村內對生草藥特別了解並從事採集及轉售生草藥的，則是張氏夫婦。丈夫姓張，

為貝澳老圍原居民，其妻子姓廖，應是由外地嫁入村中，其中廖氏為採集主力。村內除了當時的廖氏，並未見有一樣認識不同生草藥的村民，廖氏本身也是外地嫁入，會說客家話，但已不清楚其娘家是在內地還是香港，也未曾見過她要回娘家探親，而廖氏日常的生活習慣與村內其他人無異，均會製作茶粿和粽。

羅氏夫婦指張氏夫婦實際開始轉售生草藥的時間已不可考，只能肯定是於香港重光之後，因1941至1945年間日軍曾燒山防範游擊隊。羅氏夫婦憶述張氏夫婦年輕時也是以耕作謀生，只是後來50至60歲時在空閒時間開始採集草藥，並轉售生草藥到西環謀利，以補貼農務開支。貝澳老圍村內有合作社，會以低價收購村民的農作物，採集所得的草藥也在收購之列。但由於合作社出價較低，廖氏便選擇自行到西環賣貨。基於當時運輸較為麻煩，張氏夫婦需要先找村內的「虎哥」（非原居民，於興建石壁水塘時遷入）幫忙把紮好的生草藥運至梅窩碼頭，約70至80斤一麻袋，再從梅窩乘船往香港島。至於張氏夫婦買賣的頻率，羅氏夫婦則未能確定，有說他們兩三天就賣一次生草藥，也有說他們約一個月才賣一次。

但可以肯定的是，廖氏所轉售的生草藥應從山上或田間採集而來，因當時村內大多是種植白菜、蕃薯、蔥頭等農作物，並未有人種植生草藥。張氏夫婦採集生草藥後，會先把生草藥拿到「曬枱」曬乾。依羅先生的觀察，應該大多是感冒藥，有樹根、幹、枝葉，只是因羅先生本人及其他村民都不太懂運用及辨別生草藥，而難以確定實際種類。

池婆婆*

池婆婆生於1930年代，原為水口村本地人。13歲時為求生計，在失去雙親後到鹹田為富裕人家看牛，直至18歲回到水口。池氏原從水口嫁至長沙上村，後來丈夫因過繼予親戚而全家搬到貝澳居住。和大多村民一樣，她以種植禾稻、蕃薯、花生及少許糯米而過上自給自足的生活，一直堅持耕作至40多50歲。

池婆婆指在貝澳，過往村民有病痛時都不會看醫生，而是自行用生草藥解決。一般採摘生草藥都只會自用，而不會用作販賣。因在用生草藥時，村民一般都只會運用容易採集的生草藥，例如田邊即可找到的生草藥，沒有人會特意花錢買生草藥。關於村落中是否有人轉賣生草藥到市區，池婆婆當年沒有留意到有人採生草藥做買賣，但的確有聽說過有市區人來大嶼山採藥。而村落中擅長用不同生草藥互相搭配的均是外嫁入村的女性，本地村民即使會在田邊或山野採藥，但所用的也只是特定數款生草藥。

池婆婆初時堅持自己沒有採生草藥的習慣，也沒有採生草藥作謀利，後來在女兒張小姐提及部分過往家中或村中常見生草藥的名字後，池婆婆才說有哪種是她過往曾用的生草藥，包括用作煮涼茶的狗肝菜、「苦擘仔」（苦麥菜）和白花蛇舌草，可治感冒的苦𦨭蔥與狗肝菜，和可緩解頭痛的洗衫仔根。與羅氏夫婦一樣，池婆婆家中也有貝澳本地的裹粽乾，以備不時之需。

* 因池婆婆年事已高，對前事不太能肯定，我們在池婆婆女兒張小姐協助下完成訪問。

陳伯

陳伯生於1930年代，現居於貝澳老圍。陳伯本身並非大嶼山原居民，其祖籍廣東平海，曾居於長洲，14歲時因生計原因搬至大嶼山。陳伯早年曾在長洲擺攤賣崩大碗，又曾為「余仁生」的執藥夥計，後自立門戶開設跌打醫館。他指自身所會的生草藥知識大多均是祖傳，年幼時曾經和父親一同坐小艇到不同離島上採藥，因離島人煙稀少，又容易找到大量及多樣的生草藥，以符合藥材行的訂貨要求。

自陳伯自立門戶起，他便拿自己採集的生草藥到藥材行兜售，詢問他們會否收購生草藥，其後雙方在每次交貨時就會確定下一次交貨的貨物及細節。陳伯提及，即使部分藥材行要求的生草藥可自行種植，但他個人則只採不種，如火炭母可直接在農地找到，苦梅根則在山上隨處可見，不需耗費額外成本。除卻自行採集以外，陳伯也有請不同村民去山上採藥，因為村中人或多或少都對附近的植物有所了解，這些人會在採好生草藥後再曬乾，才拿給陳伯。其採藥地點包括梅窩、分流、石壁、二澳等。對村落中的其他採藥人，陳伯對羅氏夫婦提及的廖氏有印象，但只記得她是找「漢記」的胡先生幫忙運貨到碼頭，其他細節則不太清楚。

## 村落中的生草藥應用及買賣

　　大嶼山不同村落中的家庭均有自身沿用的生草藥知識，以應對家庭成員的需要。對大嶼山女性來說，在早年醫療系統未觸及大嶼山或較難負擔醫療費用時，常用生草藥的相關知識可說是必備的生活知識及技能。來自東涌的黃伯更指出「生草藥知識應是每名大嶼山已婚女性都有的技能」，因當時東涌的村民若身體只是輕微不適，均不會大費周章到外求醫，而是盡量以「土方」解決。在嫁入大嶼山前對生草藥不甚了解的羅太太，亦在家姑的指導下，學習如何運用村落或附近山上常見的生草藥照顧家人。出身自大嶼山水口村的池婆婆亦指出村民生病時大多以特定、常用的生草藥解決，如狗肝菜。而同樣居於貝澳的羅太太及池婆婆均會在家中保存生草藥，以貝澳當地獨有包裹藥材的灰水粽製成裹粽乾，在有需要時煮涼茶用。詳細有關生草藥及涼茶知識的傳承，我們將在第五章中配合新界地區的其他三個個案研究作詳細討論。

貝澳老圍羅太太家中存有的裹粽乾，可用作煮涼茶
（由田穎儀攝於2022年11月5日）。

從第二章與「春回堂」東主及本章五名大嶼山居民的訪問可見，村落中的生草藥並不侷限於村落中的運用及流轉，亦與市區的生草藥業相連。羅氏夫婦和陳伯均對在貝澳採集及轉售生草藥的廖氏有印象，指他們在耕作之餘，亦有採集生草藥轉售至西環；居於東涌的陳伯曾攜生草藥到藥材行兜售，後來亦將於大嶼山採得的生草藥轉售謀利；黃伯本人在兒時亦曾參與在大嶼山的生草藥採集。眾多例子都顯示大嶼山北部及南部都有香港生草藥業發展的影子，而不同村民在生草藥從村落到市區、社區流轉中均擔當着不同角色。

## 生藥涼茶業界

在村落以外，生草藥及涼茶亦是一個對本地社會有深遠影響的行業。涼茶與生草藥一直有密不可分的關係，因涼茶正是源於由本地生草藥所製成的清涼飲品。過往由香港《華僑日報》所出版的《香港年鑑》中，羅列了香港各行各業的商號。當中在 1948 至 1969 年間的醫療藥品相關行業中，均將生草藥業及涼茶業放於同一項，即生藥涼茶業，其他則包括有參茸藥材業、中西成藥業、南北藥材業、醫療儀器業。而自 1970 年起的醫藥欄目，則只保留三大類：參茸藥材業、中西成藥業、醫療儀器業。

澳門針對涼茶與生草藥亦採取與香港《華僑日報》相似的分類模式，亦將草藥涼茶列於一項，如1963年由《大眾報》出版的《澳門工商年鑑》中〈草藥涼茶〉一欄便列有位於工匠街1號的「生記草藥」及營業至今的「大聲公涼茶」。

　　在1950至1960年代，香港的生草藥業亦曾迎來其黃金時代。當時本港生草藥業雖未能說是大規模發展，但其利潤足以吸引新人投入生草藥業，更有人於新界不同地區開設專門種植生草藥的農場，當中以沙田及西貢大網仔的農場最為知名（《大公報》1963；《華僑日報》1963；《華僑日報》1970）。1973年更有報道提及當時在大埔九龍坑一帶有很多藥田，並指出當地最具代表性的採藥人為黃老儀及羅燕，兩老當時均已有50年以上的種植生草藥經驗。此報道不但講述了藥農會在收割生草藥後，會於每月雙數日凌晨到佐敦道街市販賣，其客源主要為生草藥店，也有部分為中藥店買回去再自行加工；還記錄了當時最常用的生草藥有車前草、羊蹄草、狗肝菜、芙蓉、蒲公英、番魂檸檬等，而新種植的草藥則有土牛七、三七、羊蹄、香茅和無花果。此報道更提及當時有更多人參與種植生草藥的原因，因藥商認為進口生草藥價格昂貴，故而轉向本地藥農購買（《華僑日報》1973）。此報道為當時鮮見，記錄了生草藥農的資料，展現早年生草藥網絡的不同環節。

〈具有特別醫療價值的生草藥〉，《華僑日報》，1973年2月5日。
©《南華早報》（鳴謝《南華早報》允許轉載）

## 港九生藥涼茶商聯總會

　　香港的生藥涼茶業界過往曾自組商會，當中有由涼茶商人為主所組成的「港九生藥涼茶商聯總會（涼茶商會）」。涼茶商會於第二次世界大戰前（1941年）成立，惟甫成立即逢戰爭爆發，香港不少人或投身戰事，或搬遷到當時屬中立國的葡屬澳門，或舉家到鄉間避難，涼茶商會的會務亦因而暫停。涼茶商會至戰後復會，並隨着《社團條例》（香港法例第151章）於1949年5月27日實施而於6月23日才正式登記為職工會（Trade Unions）之一，亦於8月19日登記為社團。雖然涼茶商會於戰後1949年方正式註冊，但在1947年時《香港工商日報》已有涼茶商會因應三江水災災情，發起義賣之報道，可見其會務於戰後正式註冊前已迅速回復。第二章所訪問的「春回堂」及「春和堂」均曾為涼茶商會的會員，其第一代東主更均先後擔任涼茶商會的幹事。

　　該會宗旨有四：
一、聯絡會員感情。
二、研究改進及發展本行業務。
三、舉辦會員帛金制度。
四、舉辦各項康樂活動，例如旅行、聚餐及聯歡會。

　　從商會的宗旨可見，其事務以促進業內人士互相交流、聯絡感情、處理會員身後事等為主。雖然涼茶商會曾登記為職工會，但其會章指出該會會員僅限於「凡在港九新界區域，經營生藥涼茶之東主或代表人」，其他從事生草藥業或涼茶業的工人則不包括在內。

而隨着香港社會發展，大眾收入普遍上升，以及西醫更加普及，人們不再如1940至1950年代般的碼頭工人，單單依賴涼茶這種低成本、方便快捷的保健飲品以處理身體不適。涼茶業於1980至1990年代開始走下坡，及至1998年7月25日，時任涼茶商會理事長張定，更去信香港政府社團註冊官提出因近年行業業務大走下坡，申請退會者眾多，故而提出取消涼茶商會的登記，令涼茶商會正式成為歷史。涼茶商會並非如社團登記及公司註冊一般為強制性質，而是讓一群有共同取態、有需要的從業者有互相聯絡和交流的平台，所以單從涼茶商會的會員名單，並不能查找到全港所有生藥涼茶舖。然而，藉比較涼茶商會於1960年及1998年的會員人數，我們也可一探當時涼茶業發展的趨勢。按涼茶商會理事長的信件指出，當時涼茶商會的會員僅餘不足53人，與遠較於1960年時《港九生藥涼茶商聯總會二十週年紀念特刊》可見的約200名會員少。

## 港九生草藥業總工會

涼茶商會的會章指出該會會員僅限「凡在港九新界區域，經營生藥涼茶之東主或代表人」，即為經營者的聯會，並不包括從事生草藥業或涼茶業的工人。生草藥業或涼茶業的職工則自組其職工會，即「港九生草藥業總工會（生草藥工會）」。生草藥工會正式登記日期為1949年，當時會址位於新填地街586號（香港政府檔案：HKRS837-1-262）。然而，1947年的勞工運動記錄則已有提及生草藥工會，可見其成立應早於其正式註冊的日子，最遲不晚於1947年2月（周奕2009）：

1947年2月，港九工會決定組織「港九工團聯合總會」，由港九牛羊業總工會、中華內河輪船總工會、僑港集賢起落貨總工會、港九酒樓茶室總工會、港九餐室職工總會、市政衛生局職工總會、僑務紡織業總工會、香港鴻順燕窩工會、港九內衣職工總會、僑工息影、香港人力車總工會、港九職工互助社、意誠工社、港九裝修傢俬總工會、中華海總香港分會、商務印書館職工會、九塢遊樂會、海塢業餘俱樂部、海軍船塢覺群俱樂部 (香港海軍船塢覺群機業職工會) 、水務局聯誼會、百貨商店互助社、博文鑄字聯誼會、港九裝修輪船總工會、港九美髮業總工會、僑港船藝木業工會、僑港玻璃職業工會、革履業、廣樂研究、潔淨外寓、銅鐵工藝社、港九洋衣工會、港九茶行總工會、港九石行總工會、港九旅業職工會、港九報販總工會、香港魚翅職工會、港九車衣工會、僑港煤炭總工會、海陸理貨、港九搭棚同敬工會、港九電鍍業職業、僑港機車鑲木工會、僑港漁船工友總會、港九復群打掙業總工會、**港九生草藥業工會**、港九敘賢飯店職工總會、香港織造業總工會、金銀器皿、鎚鐵工會、僑港大木運輸工會、港九白鐵業職業工會、港九茶居工業總會、潮州鳳山、清潔灰水、港九藤行平樂總工會等65個工會為發起人，並推中華內河輪船總工會、僑港集賢起落貨總工會、港九酒樓茶室總工會、港九餐室職工總會、市政衛生局職工總會、僑務紡織業總工會等7個單位為常務籌備委員兼聲請立案代表人，借用中華內河輪船總工會為籌備處。

雖然並非全體生草藥業工人均會加入生草藥工會,但可從生草藥工會的會員登記資料中的會員數目,一探自1957至1978年間的生草藥業發展及組成。生草藥工會雖不遲於1947年成立,但缺少1957年以前的相關紀錄,故現時檔案處存檔之文件只顯示其1957至1976年的會員數目。當中受認可的會員在1957年時有97名,在1962年時雖曾跌至64名,卻於1964年時回升至86名,但自1966年起其會員人員長期僅有30名或以下,至1976年註銷時僅餘10名受認可的會員(香港政府檔案:HKRS869-4-151)。

至於本港生草藥業的組成,則長期以廣東人及男性為主導。在生草藥工會籌備正式註冊時的名單所示,當時的備選幹事均來自廣東地區,包括增城、三水、鶴山、海豐、番禺、順德及惠陽。第一名來自廣西的幹事雖於1967年選出,但廣東人仍佔多數。同時,本港的生草藥業或全職投身生草藥業的人均是由男性為主導,至1964年方有第一名女性幹事,而歷屆亦只有三名女幹事,與村落中主要以女性為傳承生草藥知識的情況截然不同。

從生草藥的採摘到生草藥檔的應用，發掘草藥涼茶的知識如何於社區中流轉。

# 第四章

社區生活與涼茶的實踐

為了解社區中的生草藥店的發展及生草藥知識的流轉，我們曾到訪不同公共街市，探訪街內的生草藥店。現時公共街市內的生草藥店暫未見任何一間只以售賣生草藥為主，大多店舖均是以賣湯料為主，生草藥為輔，更常見的情況是大部分的菜販兼賣一至兩味當季適用的生草藥，當中最為常見的是魚腥草及龍脷葉。為方便論述，下文將不論其主售貨品為蔬菜、湯料、熟藥，均統一稱為生草藥店。根據相關田野資料顯示，大部分的公共街市均有一至兩個檔攤有賣生草藥，而在荃灣楊屋道街市及深水埗北河街街市則有多於兩個檔攤。因大部分生草藥店東主不欲作實名記錄，以下表格僅以代號列出街市內售賣兩種或以上生草藥的店舖，同時只賣一種生草藥的菜販將不作展示：

| 代號 | 地點 | 開業年份 | 貨源 | 生草藥種類 |
|---|---|---|---|---|
| 一 | 瑞和街街市 | 約 10 多年（2000 年代） | 批發 | 車前草、莧菜頭、半邊蓮、瓜子草 |
| 二 | 瑞和街街市 | 約 30 多年（1980 年代） | 批發 | 多種 |
| 三 | 牛頭角街市 | 約 10 多年（2000 年代） | 批發 | 車前草、莧菜頭、半邊蓮、瓜子草 |
| 四 | 牛池灣街市 | 1983 年 | 批發 | 多種 |
| 五 | 新港城街市 | 不願透露 | 不願透露 | 魚腥草、車前草 |

| 代號 | 地點 | 開業年份 | 貨源 | 生草藥種類 |
|---|---|---|---|---|
| 六 | 沙田街市 | 約30多年<br>(1990年代) | 批發 | 魚腥草、<br>車前草 |
| 七 | 粉嶺聯和墟街市 | 約30多年<br>(1990年代) | 生草藥多為附近村落及自行採得 | 多種 |
| 八 | 大埔墟街市 | 約20多年<br>(2000年代) | 不願透露 | 多種 |
| 九 | 柴灣街市 | 2012年 | 批發<br>(內地) | 魚腥草 |
| 十 | 柴灣街市 | 約20年以上<br>(1990年代) | 批發<br>(西環) | 魚腥草、<br>車前草 |
| 十一 | 屯門新墟街市 | 1992年 | 湯料：批發<br>生草藥：<br>村落 | 多種 |
| 十二 | 天瑞街市 | 不願透露 | 不願透露 | 車前草、<br>半邊蓮、<br>魚腥草、<br>龍脷葉 |
| 十三 | 楊屋道街市 | 1990年 | 批發 | 魚腥草、<br>龍脷葉 |
| 十四 | 楊屋道街市 | 現址創於1990年，之前在同樣地點擺攤 | 統營市場 | 多種 |
| 十五 | 楊屋道街市 | 現址創於1990年，1960年代起在同樣地點擺攤 | 主要批發，少量由居於川龍的婆婆送來 | 車前草、<br>魚腥草、<br>龍脷葉、<br>半邊蓮 |

| 代號 | 地點 | 開業年份 | 貨源 | 生草藥種類 |
|---|---|---|---|---|
| 十六 | 北河街街市 | 現址創於1995年，之前在同樣地點擺攤 | 批發（新界菜農） | 車前草、魚腥草、龍脷葉 |
| 十七 | 北河街街市 | 2003年之後 | 批發 | 車前草、魚腥草 |
| 十八 | 北河街街市 | 2000年代 | 批發（代理） | 車前草、魚腥草 |
| 十九 | 北河街街市 | 1995年 | 批發 | 車前草、半邊蓮、魚腥草、龍脷葉 |
| 二十 | 紅磡街市 | 不願透露 | 不願透露 | 龍脷葉、茅根 |
| 二十一 | 紅磡街市 | 1996年 | 批發 | 車前草、帶葉魚腥草 |

不少現時在公共街市中營業較長時間的生草藥店，前身均為於街道上擺賣的生草藥攤。第十四、十五、十六號的現任東主均指出其長輩早年販賣生草藥時並非營運店舖，而是從擺攤開始。直至市政大廈陸續建成，不少小本經營的攤販陸續遷入公共街市內時，生草藥攤才隨之入舖，轉為經營生草藥店。第十八號生草藥店雖然自 2000 年代方開始經營，然而其店舖的前身亦為經營多年的生草藥店，現任東主只是因無人繼承老舖而接手經營，他亦提及老東主也是以前在北河街街市現址一帶擺攤販賣生草藥起家，直至市政大廈建成方入舖。從香港電台於 1982 年製作的《縱橫十八》中的〈生草藥檔〉一期中亦可看到，在 1980 年代初期，荃灣眾安街仍有至少五至六名生草藥小販在街道擺賣生草藥，當中亦有小販經營以鐵皮屋搭建而成的生草藥檔（下圖為類似鐵皮屋的經營模式）。當時不少生草藥檔東主在販賣生草藥時，更充當社區中的醫師的角色，因應顧客的需要推薦他們認為合適的生草藥，更有生草藥檔東主會自製中成藥。

街頭草藥店 生草藥業已隨着西方醫學之流行而日趨式微，如圖中之街頭草藥店，在本港已算是鳳毛麟角了。（本報記者鄧福創攝）

——同人及旅港榮光軍人協

〈街頭草藥店〉，《工商晚報》，1984年7月1日。
© 何鴻毅家族（鳴謝何鴻毅家族允許轉載）

　　現時大部分生草藥店的貨源均主要來自於批發，少量來自於村落中的採藥人。就現時的田野資料反映，若是只賣較少種類（一至兩種）生草藥的生草藥店，其貨源大多是出自批發，常見的魚腥草可與其主賣之湯料或蔬菜一併購得。若店舖販賣多種不同生草藥的話，其貨源則大多結合批發與村落採集，如第七、八、十一、十五號生草藥店，但出自村里採集的生草藥大多數量較少及供應不穩。第十三號生草藥店則指過往經營時亦曾有公公婆婆帶同採好的生草藥向他們兜售，只是所能提供的種類、貨量均不穩定，近年來則再沒有此類採藥人向他

們兜售生草藥；而第八號生草藥店的老夥計則指，過往持續有三名居於大埔村落的婆婆定期帶生草藥來出售，而在疫情之下，如今只餘一位居於大埔林村的婆婆仍會提供生草藥。就村落中的採藥人向社區中的生草藥店供應生草藥的情況，具有就近販賣的特點。來自村落的採藥人，均傾向供應予鄰近的生草藥店，如位於粉嶺聯和墟的第七號店的生草藥採於北區及沙頭角的多條村落；大埔墟的第八號店的貨源來自大埔林村；位於屯門新墟的第十一號店的上一代東主（現任東主的叔叔）經營時會自行到附近山野挖土茯苓及採生草藥，現今生草藥則大多出於青山村、紫田村、小坑村、洪水橋村；位於楊屋道的第十八號店則由居於川龍的婆婆提供。

從對不同生草藥店的田野考察及與東主的對談，可了解到生草藥店的變遷：從生草藥攤到生草藥店，從村落供貨到批發。而從中，我們亦選取部分販賣多種生草藥的生草藥店作進一步的了解或訪問。

## 粉嶺

　　鄧姑娘生於1950年代，原居於粉嶺萬屋邊。鄧姑娘提及，其父親為原居民，母親的資料則較少提及。家中三代人都曾是中醫或懂得運用中藥材及生草藥，其母親亦對中醫藥的運用十分熟練。鄧父在其幼時於元朗開設診所為人看症，店內亦有提供執藥服務，直至1970至1980年代因父母年邁才結束經營了十多年的診所。鄧姑娘憶述，當時父親負責診症，母親則從旁協助處理店內大小事務，鄧姑娘則在放學後回店內幫忙炮製白朮等藥材和執藥，至晚上11、12時方可以休息。父母親在當年開店時，因店內事務十分繁忙，並沒有特意教授一對子女關於傳統醫學、中藥材、生草藥的知識，鄧姑娘只是在耳濡目染之下，一邊學一邊做，她依然對傳統醫學產生興趣，不時更會上山採藥。

### 離港學師

　　有一次在山上採藥時，鄧姑娘偶然遇上另一群採藥人。鄧姑娘在交談間聽他們提及深圳有一名師傅十分厲害，便起了輟學拜師的念頭。鄧姑娘向鄧父、鄧母提出此想法時，父母卻大力勸阻，認為鄧姑娘僅僅十多歲的年紀，不妨先完成學業才決定是否到深圳學師，只是後來他們見勸阻未有成效，便不再阻攔。鄧姑娘將其於深圳學師的經歷形容為義工性質，在醫院（或診所）內需要學習打針、製藥等，其工

作內容包羅萬有。鄧姑娘更指他們一般看到有甚麼地方需要人幫忙則需要趕忙上前，不放過任何一次學習的機會，在旁觀察可是至關重要的學習方式。

對鄧姑娘而言，在醫院以外則是更珍貴的學習機會。當時來自香港的學徒有三、四人，廣東省內的稍多一點，有五、六人，加上兩名師傅，一行十多人會一同上山採藥，足跡遍布不同山林，只是因年代久遠，她如今只記得梧桐山。鄧姑娘指兩名師傅上山採藥的經驗十分豐富，對附近地形、生草藥資源的分布也了然於心，亦懂得應付在野外出現的不同動物。如有一次他們於採藥時遇上老虎，兩名師傅發現遠處出現老虎後，指示他們要保持冷靜，不要發出大動靜，最終一行人安全下山。一般而言，兩名師傅都會因應當時所需採集的生草藥而決定地點，較少會在山上隨意閒逛採藥，當時其中一味常採的便是可用作煮湯或涼茶的石仙桃。數年後，鄧姑娘見未有新的學習機會，便離開了醫院返回香港。

### 自立門戶

自深圳回港後，鄧姑娘便在聯和墟舊市場開店，主要售賣已曬乾的藥材，也有生草藥。按她提及，當時聯和墟舊市場不曾有人出售配好的湯包、涼茶包，她可以說是整個聯和墟的第一人。聯和墟舊市場的小店營運了一段時間後，她因結婚而和丈夫一同租賃丈夫親戚在筲

箕灣的物業，離開了聯和墟。後來鄧姑娘覺得自己始終嚮往昔日耕作及種植生草藥的生活，又見還可在聯和墟舊市場重新開店，便舉家搬回粉嶺，從聯和墟舊市場一直營業至遷入市政大廈，鄧姑娘的一生都離不開草藥和藥材。

多年來，鄧姑娘的營運模式轉變不大。雖然有售賣已預先包裝、配好的涼茶包（以傳統的五花茶、清心火茶為主）、湯包，但更常見的是客人來到店面，跟她說自己或家人有甚麼不適或特別的保健需求，再由她向客人推薦適合的中藥材或生草藥。鄧姑娘指偶爾也有客人事先已想好需要甚麼中藥材，希望直接購買，但她還是會先問一下詳細的症狀或需要，以確認是否符合需要，又是否需要加以調整。

### 社區中的生草藥供應

鄧姑娘現時的店舖是以賣湯料為主的乾貨店，並非以買賣生草藥為主，生草藥只佔店內的貨流量很小一部分，在店內亦只佔一個小角落。店內主要售賣的湯料是批發得來，而生草藥由於流轉較慢、需求較低，基本上只依賴粉嶺及沙頭角一帶村落的女性提供便可滿足店內的需要。這群女性大多年約70至80歲，有鄧姑娘的同輩，也有長輩。他們大多對村內昔日常用生草藥的應用或辨別有一定了解，都是過往家中長輩中流轉及傳承的村落知識或「土方」。

現時店內由村落女性提供的生草藥主要有：艾草、魚腥草、桑葉、車前草、金銀花藤、白花蛇舌草。這群供應生草藥的女性來自北區不同村落，例如是流水響、打鼓嶺、坪輋、鹿頸、萬屋邊。事實上，由郊外、村落的婦女供應生草藥並不鮮見，鄧姑娘形容一星期中有一半時間，都能收到她們拿來的新鮮生草藥。有些時候是這群婦女主動拿生草藥到店內，也有些時候是鄧姑娘的顧客希望找到特定的生草藥，她會代為聯絡不同村落的採藥人，詢問其田裏是否有所需的生草藥。只是這群村落女性大多已非常年長，又沒有較年輕的人有同樣習慣或知識去繼承婆婆們的「兼職」，所以生草藥的供應在未來可能會愈來愈少。

## 知識流轉

　　縱使提供生草藥的採藥婆婆大多已年近古稀或更為年長，但鄧姑娘指，近年來店裏購買生草藥的顧客群卻更為多元，有年長者，也有家庭主婦和年輕人來找特定生草藥；有本身認識常用生草藥的，也有對生草藥無甚了解的，只提症狀向鄧姑娘請教；有老客戶，也有特意來尋找生草藥的新客戶。她更提及有一名學生平日會陪作為熟客的媽媽一同到店內執涼茶料回家煮涼茶，有幾次則自己來執涼茶料並交代下次媽媽到來時會一併結賬，可見現時運用生草藥與飲用涼茶的習慣於家庭中的傳承。

即使是鄧姑娘口中本身對常用生草藥已有一定了解的村落中的採藥婆婆，也會互相分享、交流實用的生草藥知識。村落中常用的草藥多以用生草藥作洗澡或煮水飲用為主，功效多為清熱或驅風，例如是村落中有人會用香茅、薑、蔥、金銀花一起洗澡。而針對更特定的症狀，鄧姑娘也會分享有用的生草藥用法予有需要的採藥人，例如是如何用村落中常見的生草藥緩和，甚至是解決尿道炎的問題。

昔日最常與鄧姑娘交流生草藥和涼茶知識，或光顧購買湯料的便是以前馬屎埔村的村民，馬屎埔村不是原居民村，村民大多為1940至1950年代移居香港的華人。馬屎埔村昔日以務農為生，亦因為鄰近聯和墟，和菜販交易亦十分方便，即使是在香港農業日漸式微時，村內仍有不少人維持原有的生活模式。按鄧姑娘提及，務農為生的人最常用生草藥作日常保健，因為常用作清熱的車前草等，在田間比比皆是，是最低成本、最常獲得的保健品，他們亦因而對不同生草藥知識的接受度最高。只是鄧姑娘提及，隨着馬屎埔村清拆，現時和她互相交流新知識的人也少了一群。

生草藥店與涼茶售賣

鄧姑娘提及以前在舊址時，店內亦有賣已煮好的涼茶。所賣的涼茶大多是傳統配方，是她家中會用的配方，如五花茶、祛濕茶及雞骨草，現時仍在賣的五花茶包，便是她從舊舖時期一直沿用的改良五花茶配方。她既可以將店內所煮的涼茶販賣給一些沒有時間自行煮涼茶，卻又希望涼茶是用真材實料熬製的顧客；亦可以留作自己和家人飲用。此舉雖然對鄧姑娘是一舉兩得，但後來卻因現址禁止煮食及煮涼茶，已多年沒有再於店內煮涼茶出售。

# 大埔墟

　　大埔墟街市內的生草藥店自2004年大埔綜合大樓開幕起遷入現址，至今已開店近20年。陳小姐於1990年代來港後便受聘於原在街上的舊店，自2004年起亦隨新店一同改為在大埔墟街市工作。陳小姐提及自己以前從事相關行業，家族本來也與生草藥買賣相關，故本身已對生草藥有認識。大埔墟街市大多數小販均以販賣蔬菜為主，生草藥較少人賣，競爭也相對較少。

## 營運模式

　　不少顧客都並非直接購買指定材料，相比起提出以竹蔗、茅根和紅蘿蔔來熬煮清熱生津的竹蔗茅根水，更多顧客是直接向陳小姐提出他們的需求，諸如「上火」、「濕氣重」、「咳嗽」等，再請陳小姐按需要幫他們搭配涼茶材料或湯料。也有顧客並非有不適，而是問「現在這時候該喝甚麼」，直接請陳小姐因應時令建議適合的保健生草藥。曾有一名女士和陳小姐說牙肉腫痛，陳小姐指她陰虛火盛，可以藉飲用藥茶（即涼茶）改善，便準備了一包涼茶包，簡單指示該女士在煮好涼茶後，每日飲用一次，兩日後就可緩解。陳小姐原本備好的涼茶包中有一味魚腥草作消炎用，但該女士覺得太寒涼，故而最後剔除了一味魚腥草，可見生草藥在涼茶應用的靈活性。提及街市內的菜販在夏天時，也多兼賣一至兩種生草藥，陳小姐則強調生草藥的藥性不是人人也了解，給予涼茶方的建議時一有不慎，可能會危及他人性命，尤其是在需要混用不同生草藥的情況下，故而在買賣生草藥時也需找專門的店舖，在一知半解的情況下擅用生草藥反而較不用更無益。

生草藥的貨源

　　陳小姐指生草藥店現時的貨源大多來自批發，亦有少量來自居於大埔一帶村落的婆婆。由於家族原本也從事與生草藥相關的買賣，因此除了透過本地的批發商取貨外，陳小姐也有聯絡自家於內地的藥農，讓他們幫忙尋找需要的生草藥，以購入本地批發商未能提供，或村落的採藥婆婆也不知道的生草藥。而就本地村落所提供的生草藥而言，陳小姐指過往大埔鄰近地區村落的婆婆會不定期拿着生草藥來請她收購，有時候她有特別需要的，如薄荷葉，也要在見到這些採藥婆婆時請他們尋找及帶至生草藥店。陳小姐更指，村落中的婆婆不一定只是採集生草藥，單就其所知，便有婆婆會自行種植白花蛇舌草。只是陳小姐提及，在2020年前大概有兩至三個採藥婆婆供貨給她，但如今則只剩一名婆婆仍會偶爾出現，她估計未來的貨源應要全部依賴內地的藥農及本地批發商。

　　昔日生草藥店所提供的生草藥會因應季節有所不同，而村落中的生草藥採收亦需要因應季節而定。正如在春夏之間，村落的採藥婆婆最常帶着新鮮的車前草來到生草藥店出售；秋天時，陳小姐則會因應秋天顧客着重「潤肺」的需求而常備龍脷葉。然而，她亦指現今由於有藥農種植生草藥而不用全然依賴採集，部分生草藥已是四季均可供應。以龍脷葉為例，便是一年四季也可以提供，只是由於春夏時顧客需求不大，才沒有購入，如有人查詢還是可以訂貨。

大埔墟陳小姐工作的生草藥店，時值夏天對生草藥需求最大的時候，生草藥店內有售仙人球、白花蛇舌草、紅灰草、艾草、茅根、莧菜頭、貓鬚草、車前草、雞骨草、魚腥草、魚腥草葉（由田穎儀攝於2022年6月22日）。

大埔墟陳小姐工作的生草藥店，節氣上入秋的季節仍有不同生草藥供應，只是在比重上改以可煮保健湯水的材料為主（由田穎儀攝於 2022 年 10 月 26 日）。

大埔墟陳小姐工作的生草藥店，節氣上入秋的季節仍有不同生草藥供應，只是在比重上改以可煮保健湯水的材料為主（由田穎儀攝於 2022 年 10 月 26 日）。

大埔墟陳小姐工作的生草藥店，節氣上入秋的季節仍有不同生草藥供應，只是在比重上改以可煮保健湯水的材料為主（由田穎儀攝於2022年10月26日）。

## 鮮貨與乾貨

生草藥的流轉速度較慢，故而不少新鮮的生草藥都會在生草藥店慢慢放至乾燥，而陳小姐的涼茶包也會將新鮮生草藥與曬乾後的草藥混合使用。她認為兩者功效沒有分別，新鮮及曬乾的生草藥分別只在存放的方便程度，乾的可以存放更久，而濕的生草藥不耐放，很容易發霉，故關門前又需要把所有貨物一一歸類放於雪櫃內。

## 涼茶配方

此生草藥店至今仍兼售一味每天新鮮熬製的涼茶。陳小姐並未提及此劑涼茶中的所有配方，因其配方不是天天相同，故只着重提及其有清熱祛濕之效。在天氣炎熱時，會加入青欖和竹蔗，可以清熱解毒，有時候亦會加入仙人球，有時候加入車前草，有時候加入白花蛇舌草，每次售賣的配方不一定一樣。

# 牛池灣

葉先生於牛池灣的生草藥店自 1987 年起開始營業，至今已有三十多年。生草藥店不單單可買到生草藥，同時亦可以找到各種常用的熟藥。葉先生提及，隨近年大眾對本土文化、傳統技藝有更大興趣，早前亦曾有不同媒體訪問，或是修讀中醫學系的學生到來找尋其他攤販鮮有提供的生草藥。而在此三十多年來見證行業起落，葉先生仍堅持其經營模式及招收徒弟的要求，即使近年年輕人對運用生草藥更有興趣，但若未有合適繼承的人選，他坦言寧可在個人力有不逮時結業。

## 經營模式

葉先生指顧客需要親自到來，方可以準確地搭配出適合他的不同生草藥。葉先生反覆強調，雖然他不是在幫顧客看診，但只有顧客親身到來，他才有機會仔細觀察顧客本身的身體狀況，以及不同表面症狀。客人同時也需要講解他們所面對的不適，例如失眠、月經失調、皮膚痕癢，再根據葉先生的提問，簡單講述他們的日常生活習慣，因為其飲食習慣、睡眠情況等，都會影響葉先生的判斷及其後的生草藥配搭。葉先生會綜合不同觀察所得，配出合適的生草藥。以肚子痛為例，單單一個肚子痛的症狀，可以有眾多不同成因，所以要輔以適當的觀察才可以有正確的判斷。

## 顧客群

　　葉先生指在這三十多年來，單靠售賣生草藥並無法維持生計，需要售賣熟藥部分幫補。即使是公共街市內其他有買賣生草藥的攤販，大多也只是賣魚腥草、牛大力、土茯苓數款，以日常家中煲湯所用的材料為主。除卻攤販本身是否對不同生草藥的特性或配搭是否有了解外，亦是由於在社區內單靠售賣生草藥難以繼續營運。

　　現時，生草藥在新一代的接受程度更高，只是葉先生對其生草葉檔的前景仍不樂觀。葉先生提及，縱然大眾眼中用生草藥調理身體似乎是很傳統的行為，但從他的觀察來看，愈來愈多年輕人相信傳統生草藥或中藥材的功效。葉先生指他的客人中不乏二十、三十多歲的年輕人，他們也許曾向西醫求診，卻發現未能緩解症狀或根治疾病，因而試用中藥材或生草藥作調理，當他們感受到實際效用，便會開始信任生草藥。大多數年青人都是來找生草藥清熱、調理，而購買湯料的顧客仍以老人家為主。這群年輕人開初大多是抱着不妨一試的心態，來找街市內的生草藥店配搭不同生草藥，以達至調理經期、緩和濕疹等功效。

## 生草藥與涼茶的形態轉變

　　生草藥與涼茶的形態同樣亦隨着社會發展而改變。葉先生指出曾經在街上攤販所賣的崩大碗涼茶是青綠色的。這種崩大碗涼茶是完全新鮮而未經烹煮的，是椿碎崩大碗再加入涼水，讓二者均勻融合。這款崩大碗涼茶，可謂正宗的青草茶，在清熱方面特別有效，適合從

事勞動工作的工人，而不適合身體較虛弱的人，亦與現時涼茶適合大多數人的做法不同。因現時坊間所賣的涼茶為迎合更多顧客的身體需要，大多只以較為溫和的藥材入藥，雖然也有效果，但不如傳統一般非常寒涼的崩大碗涼茶，所以大眾現時購買涼茶店的涼茶飲用都不會出現問題。

葉先生同時指出涼茶的轉變不單是煮法的改變，亦涉及消費模式的改變。在煮法方面，現時煮涼茶的用具大多數由用瓦煲轉為更安全且散熱更快的不鏽鋼煲，但這卻喪失了瓦煲能在熬煮過程中更好地保留藥性的優點。而在消費模式方面，從前公眾光顧生草藥店是基於它能貼合個人需要，但現時公眾為減省飲用涼茶所需的時間，便轉向惠顧售賣已煮好涼茶的涼茶店。雖然這對生草藥店的影響甚大，但葉先生亦強調涼茶店的配方只能配合大部分人的需要，而無法如生草藥店般針對每個人不同的需要。

## 傳承困境

撇除同類產品的競爭及現址未來將被拆除的危機，最難解決的問題是沒有合適的繼承人。隨着年紀漸長，葉先生也嘗試尋找合適的徒弟，更指不一定要在未來接手他的生草藥店，只是希望生草藥的知識可以流傳。葉先生對於徒弟面對顧客時都有同樣特定的要求，就是耐性。每個新入職的人都要先從處理土茯苓開始，讓葉先生觀察他是否有足夠的耐性，因為只有有耐性的繼承人才可以靜下心來觀察顧客的真實情況及需要。葉先生很遺憾地指，暫時未有適當的人選，大多數人都只是想直接學習生草藥或熟藥的知識，時常抱怨處理土茯苓的工作太難及太辛苦，所以他現時亦已死心，不打算再尋找適當的人選。

牛池灣的生草藥店（田穎儀攝）。

牛池灣的生草藥店（田穎儀攝）。

牛池灣的生草藥店（田穎儀攝）。

以三個不同村民的口述歷史，探討新界原居民從個人角度對草藥涼茶不同
程度的傳承。

# 第五章

## 個人傳承

香港社會的人口結構，尤其是市區部分，自19世紀中期開埠以來，一直持續改變。其中，特別是20世紀初期至第二次世界大戰後的1950年代期間，除了小部分的「原居民」和早期的居民外，當時大多來到香港市區生活的華人，都沒有視香港為安居樂業或長久的居所，而更多視之為「工作場所」，或到海外生活的踏腳石。早期華人勞工長途跋涉來到香港打拼，但對他們而言，真正的「家」仍然是在內地的家鄉。當他們需要參與修葺宗祠或買地建房子的時候，都抱着終會落葉歸根的心態，願意把一生辛勤工作得來的積蓄用於家鄉的私人和宗族房產，以求舒適安逸的晚年生活。而前文中提到的涼茶店和街市的生草藥零售店所構成的市區涼茶網絡，亦同樣因應這群華人勞動階層的需要而發展出來。當時來港尋求發展的，大多為單身男性，與同鄉或同業一同租住狹小的單位，再將收入托匯至家鄉給親人供給生活費。對這群忙於工作的香港人來說，在身體有所不適時，並不一定有閒暇採集生草藥，或是從社區的生草藥攤購買生草藥再熬煮，只能快速從路上的涼茶攤或涼茶車買一杯涼茶。對他們而言，涼茶從在家鄉的日常保健習慣，變成了生活在香港必需的商品和消費活動的一部分。

## 本地村落的醫療系統

涼茶及生草藥在香港市區作為商品流傳，而在村落則除了是日常保健品外，亦是口耳相傳的知識。相較之下，涼茶及生草藥在村落的傳承層面更廣，此與村落的生態環境有密不可分的關係。所以，是次研究中，我們嘗試了解本地圍村及客家村落如何因應其生活環境運用生態資源的不同情況，如應用本地生草藥，並熬煮涼茶，以達至解決

身體小毛病的功效。在上文中我們曾提及，涼茶的出現和盛行，與嶺南地區的氣候和生態環境有密不可分的關係。早年，香港本地交通網絡未及連繫市區及新界各地，加上公共醫療系統未普及，現時因病不適便立刻向西醫求助的方式，並不適用於當時的普羅大眾。在20世紀初，香港政府在長年與鼠疫的持久不斷對抗下，並不全然信任中式的醫療方法，而是努力向普羅大眾推廣西醫，當中包括一些以華人社區領袖為首，參與籌備為華人而設的公共診所。在香港及九龍市區，公共診所在華人聚居地，如深水埗、油麻地、九龍城建成，亦有因應水上人族群要求而建成的公共診所。然而，針對新界而言，新界地區幅員遼闊，同時大量人口散居在墟市以外的村落，故而在公共診所以外，也有醫療人員按特定時間、特定路線走訪不同村落。然而，會到各村服務的醫療人員往往只有一至兩名，並由於新界村落眾多，每每特定村落的村民每星期只有一至兩次機會，可以在自家村落附近看醫生。故而更多時間，新界村落中的各人，都需要依靠村落中的「醫療系統」。氏族聚居的村落或農村中的「醫療系統」與現時的公共醫療系統並不完全一樣，由部分村落中生活的新界原居民，或是仰賴村落中對生草藥尤其有認識的村民擔當村中「醫生」的角色，但更常見的是家家戶戶都依靠家族中世代相傳的生草藥知識。在家庭中而言，主要由母親負責照顧家中各人，尤其是因本地氣候而常見的中暑及上火均被視作小毛病，可以由母親所煮的一碗涼茶處理，甚或是達到強身健體，避免患病的作用。在以三個個案探討本地不同村落中對生草藥及涼茶知識的傳承情況前，我們需要先理解新界不同原居民的特點及主要生活地區，更需要理解為何新界個案研究對探索本地涼茶的發展尤其重要。

## 涼茶對新界村落的意義

　　「新界」地區的概念，源自於19世紀末清廷在簽訂不平等條約下先後將香港割讓予英國政府。第一次鴉片戰爭後，清廷於1842年基於《南京條約》將香港島割讓予英國；第二次鴉片戰爭後，九龍於1860年因簽署《北京條約》被割讓給英國，而新界則在1898年的《展拓香港界址專條》被清廷租借給英國政府，當時條款所訂明的租借期限為99年。《展拓香港界址專條》所租借予英國政府的土地，對於當時的英國政府而言，便是新獲得的疆界。整體而言，新界村落對新政府的管治並未有太大反抗，新界各村落與香港政府間大多處於相安無事的狀態。而為了確保管理順利，當時香港政府訂明部分居民如果可以證明祖先在1898年或之前已經在新界地方居住的話，便可保留其土地使用權，其傳統習俗亦會同時受到尊重（Hayes 1996）。

　　圍村文化作為新界原居民生活文化之一，其特色為善於利用地方資源，以簡單和道地的方法解決生活需要和日常健康問題，故生草藥涼茶正正是代表他們生活文化的最佳例子。在此，讓我們先了解一下新界村落的歷史及文化發展，因他們的飲食習慣和其身處的生態環境有密不可分的關係。新界原居民大概可以歸納為四個主要族群，包括本地圍村人、客家圍村人、蜑家人和鶴佬人（Watson 1983）。蜑家人和鶴佬人皆為水上族群，長年以來均在海上居住，但自1950年代開始亦有部分人於陸上定居（Annual Departmental Reports of D.A.F.

& Department of Co-Operative Development and Fisheries 1955-56）。一家位於南區的涼茶舖曾提及水上人族群對涼茶的稱呼與陸上居民全然不同，但是次研究中我們暫時未能了解這兩族群生活上飲用涼茶的傳統，及他們會否同樣就地取材而創造和傳承涼茶。

　　至於本地圍村人，泛指南宋以後南遷到現在新界地區的漢族社群的後代。他們的祖先雖然最初來自河南、江西和福建等地，但在遷徙過程中在嶺南地區長期生活之故，所以對傳承嶺南文化富重大意義。客家圍村人祖先的遷移歷史，則與清朝初期以牽制南方沿海地區反清運動的「遷海令」有關。明朝遺臣鄭成功於明亡後以台灣為根據地反清，為斷絕鄭氏的陸上補給，清廷於康熙元年（1662年）開始先後頒布「遷海令」將沿海地區的居民全部遷入內陸，至康熙二年（1663年），香港全部地區原則上已被劃為不可進入的範圍。至康熙二十二年（1683年）平定鄭氏後方撤銷。正因為此歷史背景，坐落新界東北部的大部分客家村落，其祖先多為清初遷入現在新界地區的客家人，大概有三百多年歷史。然而他們雖然已經定居三百多年，與主要坐落於元朗、上水、大埔等地的本地圍村人相比，身為移民的客家人就難以得到有利耕種的肥沃低地。按照現今的族群分布可見，客家村落也多坐落在山丘或海岸地區，例如：沙頭角、西貢、大帽山、大埔、沙田、荃灣和部分島嶼的沿海社區等地。在討論涉及新界原居民的事情時，我們亦需留意新界原居民概念中蘊含族群的多樣性，而是次研究則着重於本地圍村及客家村落應用生草藥的習慣。

這些族群能聚族而居，傳承其獨特的地方傳統，有賴於不同的社會文化和政治經濟因素。要從英國政府租借和管治新界的背景探討的話，陳奕麟（1986）指出港英政府在土地和族產管理上作出了兩項主要的改變：分別是以「一田一主」制來取代「一田兩主」的傳統，和以司理擔任信託人的方式來管理祖堂房地產，簡化日後因徵收土地和賠償而需面對的權責問題。雖然這都給土地使用和管理權帶來史無前例的改革和衝擊，但觀其後來的發展結果，無疑能使氏族不至流散，更某程度上使地方傳統得以傳承。從廣義的管治來看，除了一些因公共需要而徵用村地或遷移墓地、土地登記及興建水塘的事宜以外，香港政府與新界原居民其他事宜大多互不干涉。換句話說，新界原居民文化得以在被尊重的大前題下，村民可以維持他們原有的生活方式，傳承文化傳統。

新界地區在對於研究華人文化傳統極具參考價值，特別是在 1960 至 1970 年代期間，歐美的社會人類學家或文化人類學家未能親身到中國內地從事田野考察，大多都選擇到台灣、香港或東南亞的華人社區，繼續進行氏族和家庭關係的研究；其中，香港更是對華南氏族和社會變遷的互動關係問題上，提供了非常重要和獨特的例證。以 Freedman（1966）對宗族組織的探討為基礎，Baker（1966, 1968）說明了新界大氏族在地方發展的重要性。更進一步，Potter（1968）展示了英政府通過農業改善的介入，一方面提升村民的生活條件，更重要的是對土地管理方式的保留和延續。Watson（1975）在海外氏族和原村落的關係，更凸顯了個人生活方式固然跟着社會急速發展而變化，但氏族和村落的關係仍然扮演着不可輕視的角色。以上這些寶貴的民族誌，有助我們了解地方傳統在原居民間的傳承。

從香港戰後發展的角度來看，新界不但在土地供應上扮演一個重要角色，在人口分布上也充當了勞動力的來源。單單比較人口和工業投資的數字來看，我們會清楚看到1950年代和1960年代之間的變化；正如Kuan & Lau（1981）指出「1908年，新界人口為82,000人；但到1955年新界人口已達到300,000人。更重要的是在1961年和1971年的人口普查報告中，新界人口分別是409,945人和665,700人」，而且新界地區的工業發展，在1952至1953年，只有兩所坐落於青山的磚和陶瓷工廠和約20家在荃灣主要從事紡織的大型工廠。但在1959至1960年，工廠數目已增加到295間，並採用25,000人的輕工業經營。這兩組數字在1971至1972年分別上升到1,382間和74,441人（Kuan & Lau 1981：74-75）。但Lee（1984）、Kuan & Lau（1981）和Chiu & Hung（1999）也相繼指出更重要的是鄉議局（1926年開創）在1957年因應政府頒布的《社團（修訂）條例》而引發的內部分化和對港英政府的不同態度，不但意味着日後新界在不同地區的發展進程有所分別，而且開展了對新界原居民的身份和權利的討論。其時出現了比較支持發展的荃灣派和較為保守的元朗派，成為日後新界發展和不同的地緣關係所衍生出來的結果。其他衍生出的政策和制度包括1960年香港政府為方便收地而推出的「換地權益書（Letter B）」制度、1972年新界小型屋宇政策（俗稱丁屋政策，是香港新界原居民的男性後人獲准在私人土地興建的房屋，至今仍然對新界土地發展有深遠的影響金。另一邊廂，隨着新界地區陸續被發展成衛星城市，能夠讓生草藥自然生長，或是可以種植生草藥的土地愈來愈少，而製作涼茶的原材料亦連帶逐步減少。

文化遺產得以傳承，過程一點也不簡單。其中牽涉的是社會的保育氣氛、政府的參與、學界的努力、社區的支持，缺一不可，當中最重要的，一定是個別傳承人的堅持和信念。在是次研究中，我們亦期望藉探究涼茶在新界村落中的角色及傳承，以更完整地呈現香港涼茶網絡的組成。與此同時，在村落交通已比昔日方便的年代，我們亦希望了解不同新界原居民對涼茶的看法及應用是否有所變更，他們的成長故事及生活環境又會否令他們對傳承生草藥及涼茶知識的取態有所差異。

## 個案研究

個案研究的重要性在於能夠提供民間涼茶配方的多樣性和其傳承的情況。雖然我們能搜集到的個案有限，主要原因是仍會上山採藥並自己在家中依照上代配方煮製涼茶的人已經不多。但以今天能收集的配方作為基礎，我們可以明白到民間配方有別於我們常見的五花茶和廿四味，也和現在涼茶舖常見的夏枯草、雞骨草、白花蛇舌草等有很大的分別。從民族植物學的角度來看，中醫系統對複方中藥給予認證之前，簡單配方甚或是獨味單方廣泛存在於不同的地區，因為它們都是前人的生活經驗和累積得來的智慧。正如，大嶼山南部的水口村的涼茶配方，就是用田邊採到的新鮮嫩綠的狗肝菜和車前草（又稱田灌草）煲約一小時而成，飲用時可加入黃糖。而在沙頭角榕樹凹村收

集到的咸茶配方，其複雜程度就連製作的村民也未能一時之間詳細列出。正如村民跟我說，把他們按當時氣候能找到可以用於咸茶的嫩芽收集、曬乾、打碎，再加入粗鹽以作保存，到有需要時沖熱水飲用。這兩個例子反映出涼茶的多樣性。

是次的個案研究中，我們就其中三名分別來自新界不同村落，包括新界東、新界西、西貢區的受訪者進行深入訪談。三名受訪者雖均為香港新界原居民，卻在個人及族群層面體現了截然不同的傳承歷史。三名受訪者的母親都十分熟悉不同生草藥，尤其是如何以容易獲得的生草藥為家庭製作適合一家老少的涼茶，三名受訪者對生草藥和涼茶知識的了解卻截然不同，各自代表不同的傳承層次。楊先生作為新界原居民，自小家中不同女性長輩均沿襲村內製作咸茶及蘿蔔乾作涼茶飲用的傳統，但就個人而言，僅承繼了這種出於民間的生活習慣，卻未有將之傳承予下一代的打算；鄧小姐的故事體現了她雖然自小經常協助母親處理生草藥及煮涼茶，但大多只是按母親的指示行動而沒有多加了解，現時因為了解到傳統村落中傳承的生草藥知識可貴而希望協助傳承；湛先生少時雖未有從父母身上習得全部應用生草藥的知識，卻自學以彌補不足，更樂於盡自己所能，包括帶領研究人員、學生行山考察和認識草藥及其生長環境，傳承民間知識。

## 個案一

　　個案一的受訪者楊先生為新界原居民，他的故事展現了涼茶及生草藥知識早年如何在家庭、族群中代代相傳。然而，在現代化及全球化的年代，原居民的生活不再侷限於村落或特定地區，強大的變化對世代相傳的傳統帶來了衝擊。

　　楊先生為谷埔原居民。谷埔位於香港新界東北部，鄰近沙頭角禁區，與中國內地邊境遙遙相對。谷埔屬客家村落地區，區內分別有老圍、田心、新屋下、二肚、三肚、四肚、五肚等不同姓氏的客家村落。楊的先祖早年定居老圍，但在父親一代或更早時已遷入地理位置更深入的五肚。谷埔一帶缺乏公共交通系統直達，至今在到鹿頸的公共小巴站下車後，仍需步行約45分鐘距離的山路進入谷埔。因此大部分谷埔居民均藉水上交通，往沙頭角交易或補給食物及日用品。尤其早年谷埔村民大多以種植稻米和水果為生，收成後需以船把稻米運至沙頭角刨穀。其生活自給自足，一直至1960年開始興建船灣淡水湖後影響本地耕作水源，谷埔農業方日漸式微，村民需從事其他工作營生。楊先生在1970至1980年代時，亦如同村內的其他親友一樣，到英國尋求其他發展機會。

## 谷埔涼茶 ——「咸茶」[1] 與「蘿蔔乾」

　　針對村民的消暑、下火需求，谷埔內最為常見的涼茶為咸茶與蘿蔔乾。咸茶為複方，即由多於一種生草藥所組成，為方便保存，當中各種生草藥都經曬乾處理。其功效為治喉嚨乾涸、上火，其中成分包括白花蛇舌草、青蛇仔、透骨草、油柑子葉、簕菜、雞屎藤等多種不同的涼性草藥。按楊先生憶述，如果需要達至最佳效用，這些材料需要特意於春天時，採最嫩的嫩葉，在曬乾不同生草藥後再加入少量鹽粒加以保存。正因為在保存時加入了鹽粒，此涼茶才名為「咸茶」。咸茶的服用方法可按個人的身體狀況而調整，即使是固定的涼茶方，亦可以藉由不同的飲用方法而配合不同人的需要，達至不同效果。在身體不適，如有喉嚨痛、喉嚨乾涸的感覺時，需要飲用的分量較多，大概是平時涼茶店一碗涼茶的分量，如此飲用應有舒緩症狀的功效。與此同時，咸茶平常也可以用作茶葉一樣，沖水飲用，按楊先生所說，如此可達日常保健、預防暑熱上火之用。

---

1　類似的名稱如「鹹茶」是鶴佬水上人的一種餐食，或稱為「菜茶」，近似客家的「擂茶」可以用作主食（可參考 Tam, Lau and Man 2014）。而這裏指的客家咸茶並不是主食，只是飲料。

谷埔五肚中用作沖涼茶的咸茶，內含白花蛇舌草、青蛇仔、透骨草、油柑子葉、簕菜、雞屎藤等多種不同的涼性草藥，並加入鹽粒以便保存（樣本由受訪者楊先生提供，田穎儀攝）。

另一種常見於谷埔的涼茶則是蘿蔔乾（或稱老菜脯）。蘿蔔乾是獨味單方，如同字面上的意思，是由新鮮白蘿蔔反覆曬乾而成。有一說法是需要用本地種植的耙齒蘿蔔切絲，在日照猛烈時將其放置於草地上後曬乾而成。就蘿蔔乾，楊先生曾提及在製作時特別需要留意一點，就是不可以鋪設任何布或紙於蘿蔔下或翻轉蘿蔔，如此方可讓蘿蔔完完全全地吸收地氣，以達至最佳效果。至於保存方法，楊則指並沒有太大講究，只需要密封即可，亦不需要定期翻曬，因方便保存而十分適宜大量製作然後放在家中，在有需要時取出使用。蘿蔔乾的功效與咸茶十分相似，同樣有清熱、下火的功效，貼合早年村民耕作或打工的需要。下圖為楊先生母親遺物中所找到的蘿蔔乾，已曬乾並存放多年。他至今仍會在喉嚨不適或平日需要保健時，拿出母親留下的咸茶或蘿蔔乾沖服。驟眼看這些陳年蘿蔔乾，可能會被人誤以為是茶葉，實際上卻是特意製作的蘿蔔乾。不過，蘿蔔乾的用法卻是與茶葉十分相似，只要直接沖水飲用即可。

谷埔五肚中用作沖涼茶的蘿蔔乾（樣本由受訪者楊先生提供，田穎儀攝）。

就地取材、創造資源

　　村落涼茶的一大特色乃就地取材。上文提及，涼茶作為村落文化的一環，其所用的材料，均取自於本地可以輕易獲得的生草藥。正正因為容易在本地採集，又不用付出額外成本，生草藥涼茶才成為村落中常見以減輕身體輕微不適的方法。身為原居民的楊先生指出在鹿頸、谷埔一帶村落附近的山野之間，生長着諸多不同類型的生草藥，部分生草藥可用作製作涼茶，部分有驅風效果的可用作洗澡，也有部分可用作製作跌打藥酒。當地山野間的生草藥由於遠離發展地區，現

時仍保留有大片生草藥可隨意生長的狀態。時至今日，仍然可以找到各類型生草藥。下表為於田野考察中找到的多種生草藥，部分生草藥搭配後可用作洗澡、熬煮涼茶、製作跌打酒之用：

| 雞骨草 | 五指毛桃 | 三指毛桃 | 臭花勒 | 杜蟲草（葫蘆茶） |
|---|---|---|---|---|
| 苦梅根 | 豬古稔* | 七柏 | 山大牙（山大刀） | 九節茶 |
| 松蕉公* | 假兩面針 | 兩面針 | 金塔仔 | 車無指毛桃 |
| 金毛狗脊 | 金櫻子 | 割藤（港油麻藤） | 噼啪仔（逼迫仔）* | 酸甜仔* |
| 癩牙果* | 落地生根 | 誅死花 / 豬死花 | 菖蒲 | 青蛇仔 |
| 透骨草* | 簕菜（苦簕蔥） | 駁骨草 | 山荔枝 | 雞腳趾* |
| 豬嫲樹 | 過江龍 | 石仙桃 | 白蘿蔔 | 白花蛇舌草 |

註：*號為生草藥的客家話名字或谷埔村落中常用的藥名，與常見生草藥名不一。

除了就地取材外，村民也會引入有特定價值的生草藥。楊先生憶述其母親十分擅長用不同生草藥來解決身體出現的小毛病。除了我們理解的就地取材，應用本地可以找到、常見的生草藥外，楊的母親更從五肚以外帶入透骨草，以配合她需要製作咸茶的需要。楊母引入的透骨草是一開始隨意在楊家所居的五肚的田間或路邊栽種，後來慢慢自然蔓延至谷埔其他村落，至今在二肚一帶亦可見透骨草的蹤影。

有形與無形的世代相傳

　　村落中所傳承的涼茶和生草藥知識，及飲用涼藥以達至保健效果的習慣，可分為有形及無形間的傳承。谷埔村民經常提及的咸茶，是日常「看門藥」，雖然不是甚麼起死回生的靈丹妙藥，但對村民來說，它能在很多棘手小毛病（例如久咳）上發揮神奇的功效，從而保障家人健康。所以以往的客家村民都在季節適當的時候，採下嫩葉製茶，好好保存以備日後不時之需。咸茶並不僅限於楊先生的母親所用，村民也會特意採集不同生草藥曬乾並製成咸茶，以放於家中備用。大家每每用完前一批的咸茶，就會開始準備新一批，又或是在前一批還未用完時，便會趁春天可以採集生草藥的嫩葉時，製作新一批。

　　當時村落中善用生草藥及傳承相關知識的多為女性，男性多不會主動採摘，大多只會飲用。楊先生以此簡單解釋了為何他的母親善於運用不同生草藥，但他則沒有學習生草藥知識。跟楊母同樣熟知生草藥及火灸的堂嫂在赴英前曾特意準備好咸茶，到埗後再分予楊先生及

其他親友。由此可見咸茶的確是當時五肚一帶村落常備於家中的涼茶料，而非楊家中獨有。更是村民出遊時常備的安心之物，可以確保親友在外地時，不受小病小痛、上火暑熱等問題困擾。我們在上文曾提及，咸茶中所用的透骨草，按楊先生所說是由其母親帶入五肚栽種，以製作咸茶。我們現時已難以追尋咸茶的原來配方是否也同由楊母從家鄉帶入五肚，或是她按谷埔當地的藥方再加以調整，以更符合家庭的需要。但不論是何種情形，從楊先生的母親及堂嫂的案例中也可以看到，咸茶的製作方法及配方在家族內，甚或是村落中的女性間的傳承。

無形間的傳承，則更常見於飲用涼茶的習慣。上文諸多有關谷埔生草藥及涼茶的分布地區、功效、炮製及製作方法，均由楊先生提供。但我們在初接觸楊先生時，他卻多番指出、強調，縱然他的母親生草藥及涼藥知識豐富，他卻因自少沒有特別興趣，也沒有系統學習，故而對谷埔本地的生草藥知之甚微。然而，在其後一同進行的田野考察中，他卻能清楚指出在谷埔以至沙頭角一帶生長的不同生草藥，並簡單指出過往村內各生草藥的主要用法及其功效。更甚是能和同行的另一名新界原居民，滔滔不絕地討論起同一種生草藥在香港不同地區、不同語言（圍頭話和客家話）中相似或不同的俗稱。或許在歷經多年後，他仍然記得的只有部分常用的草藥，相對不太常用的生草藥則大多已淡忘。從中依然可以體現楊先生在沒有特意學習生草藥知識的情況下，自小在村落及族群中仍有耳濡目染積累對草藥的認識和了解，並且至今仍保有飲用涼茶的習慣。

## 個案二

　　鄧小姐生於1960年代元朗廈村的其中一原居民村落，其村落先祖早於明代已遷移至廈村一帶定居。元朗位於香港新界的西北面，宋明時期移居香港的新界五大氏族，大多分布在新界東北及新界西北，西北即現時錦田、新田、廈村、屏山一帶。鄧小姐的祖父及父親熱心參與村落事務，深受本村及鄰近村落村民尊重。鄧小姐原為中學教師，退休後熱心關注村落文化及相關文化遺產，在香港中文大學深造時，開始走訪本村及鄰近村落村民，記錄和保育日漸失傳的村落文化。現時，她仍會參與社區導賞、講座等活動，以推廣村落文化。

### 家庭及村落中的涼茶

　　坊間涼茶與村落文化中所用的「涼茶」定義有所不同。一般大眾眼中的涼茶多是廿四味、五花茶、夏桑菊等，故大眾想像的傳統涼茶多是由不同生草藥互相配搭而成，少則可如銀菊露般只放金銀花及菊花，多者也可以如同廿四味加入十種以上不同藥材。而鄧小姐則指，村落中常見或較多人自行製作的涼茶多為獨味單方，僅以一味生草藥煮成。其實只要是由生草藥煮成的，又可以清除身體中的熱毒的藥茶，便可稱之為「涼茶」。村落中亦有人稱之為「涼水」，是取其以一味生草藥加水所煮成之意。

村落中各家慣用的涼茶不一定相同，而鄧小姐小時候家中最常用的涼茶材料便是毛茶和田灌草（即車前草）。田灌草時至今日仍然可以在村落的路邊等地找到，十分容易採集，其後亦不用特別處理，只需要直接加入清水便可煮成清熱且下火的涼茶。不過，鄧小姐印象更為深刻的則是毛茶。毛茶同樣也只需獨味便可煮成涼茶，鄧母多以其枝條入藥，以毛茶煮成的涼茶有清熱、預防中暑之用。鄧家將其視作日常保健之用，除可煮成涼茶之外，也可用作洗澡。毛茶需要在夏秋之間採集，其他時候則甚少能找到。由於慣常於春夏季時煮毛茶及涼茶予家人，鄧母一直至1990年代仍偶爾會和鄧小姐的嬸娘，到香港不同山頭尋找毛茶，有時候甚至會從村落所在的新界西北，長途跋涉到東面的西貢區上山採集生草藥。鄧母會需要特意到西貢採集的原因在於因應香港不同地區陸續發展，唯有西貢一帶較為偏僻，但相對地自然環境保存更好，生草藥的數量與種類均較多，較適宜採集大量生草藥。同時亦正因為路途遙遠，鄧母每每跨區採集生草藥，都會帶回一整袋麻布袋的毛茶。而採集所得的毛茶，在拿回家洗淨後，再由鄧小姐和兄弟姐妹於祠堂和士多前反覆曬乾至枝葉乾脆，避免發霉，易於保存。而存放於家中備用的毛茶，每當家人有需要時，都會取出一點煮成涼茶，紓緩不適，如鄧小姐的父親在身體稍有不適時也會提醒鄧母煮毛茶。也有時候，鄧母會因應時節、天氣，煮好一鍋毛茶涼茶，讓一家老少一起飲用，預防因天熱帶來的不適。需要留意的是，雖然毛茶煮成的涼茶適合大多數人飲用，但不同人飲用的分量會因應身體條件而有所不同。鄧小姐指父親往往會飲用一整碗，而年幼的弟弟們則只需要半小碗即可。

厦村的村民同樣亦會以毛茶煮成涼茶飲用。除了與鄧小姐的母親一同採集生草藥以煮涼茶的村中婦女外，其他村民也會偶爾向鄧母詢問是否有餘下的毛茶可以分給他們。鄧家昔日在村內營運士多，由於需要在士多顧店的原因，鄧母大多在士多內煮涼茶。因此每當有村民看到鄧小姐的父親正在飲用毛茶涼茶，或鼻子靈敏地嗅到毛茶的味道時，就會問鄧母會否有毛茶可以讓他們帶回家煮涼茶。除了毛茶和涼茶以外，鄧家的士多亦有在天氣炎熱時售賣自家製作的涼茶，當中最受歡迎的便是菊花茶。

### 不再傳承的生草藥及涼茶知識

鄧家以生草藥製作涼茶的習慣隨鄧母離世而失傳。縱然鄧小姐和兄弟姊妹從小在母親的耳濡目染下長大，於成長之時亦曾有協助母親處理和飲用生草藥如毛茶，但他們對生草藥的認識已遠不及鄧母一代。當中原因主要是日常生活中沒有再實踐這舊有的習慣，同輩都沒有上山採藥、加工處理、煮成涼茶的時間；加之在昔日，往往是母親先行在村野採集毛茶，拿回家中後才讓她們姊妹處理，鄧小姐至今只記得毛茶的名字，對如何辨別及採集毛茶都可說是一頭霧水。對她而言，相較毛茶作為涼茶的實際功用，她印象更深刻的是母親與村內嬸娘一同上山採藥前父親的叮嚀、自己於家中將母親採集所得的生草藥反覆曬乾、和母親在士多煮涼茶、村民在士多內問鄧母要毛茶的場景和記憶。

村落中生草藥知識的失傳，不單單體現在以毛茶煮涼茶的習慣，同時亦可見於村落中原有「醫療系統」的消失。以生草藥及涼茶舒緩身體不適，是一種低成本、常見於華人社會的醫療模式。由於地理及經濟條件所限，在遇到無法自行處理的不適時，也不一定可以向西醫求診，於是不少村民會向「草藥婆婆」求助。流浮山與廈村相鄰，鄧小姐在流浮山與一名年約60歲的村民聊天時，該名村民提及小時候全身突然又腫又癢，家人曾帶他到廈村一名擅長用不同生草藥的「草藥婆婆」家中求助。老太太在查看後便於自家家中採集飛揚草撕開塗於其患處，再把剩下的飛揚草交予他們讓他回家洗澡用，該村民憶述，雖然用後感到全身發冷，但症狀確實有所緩和及好轉，以後他遇到有同樣症狀、困難的人都會分享飛揚草的用法予他們。可惜的是，現時鄧小姐已無法證實該村民提及的老太太來自廈村的哪一條村落，且現時廈村一帶都已經沒有同樣擅長用不同生草藥的村民。也許，該名村民口中所提及的「草藥婆婆」已是附近地區最後一位以生草藥治療村民的村中「醫生」了。

## 個案三

　　湛先生在 1950 年代出生於西貢半島的大浪村，是當地的原居民。西貢位於香港東部，半島上諸多村落的村民自小依山林或海岸而居，尤其在早年西貢墟及道路交通尚未發展時，村民都需要依靠當地環境，過着所謂「靠山吃山、靠海吃海」的生活，從中學會就地取材、善用身邊唾手可得的資源。

### 村落中的「本地醫生」

　　湛先生的父親更是其中的佼佼者，能辨別多種生草藥，並因應村民的不同需要準備藥茶，可說是村中的「赤腳大夫」。不過湛先生卻指出，其出身自鄰近村落 —— 蛋家灣村的母親亦不遑多讓，甚至他依稀能記得，母親比父親能辨別更多不同種類的生草藥。只是母親多主責家庭中的大小事宜，如果是其他村民向他們求助，大多會由父親出面負責。湛先生自豪地提及父母親活用生草藥的情況，其中他印象最深的便是涼粉草。從前其父母會採集及種植涼粉草，涼粉草有清熱解毒之功效，可以預防頭瘡。湛先生的父母每星期以涼粉草熬涼粉予他們，所以即使在村內兒童頭瘡常發的情況下，兄弟姐妹卻從來沒有長過頭瘡，類似現時大眾偶爾到涼茶店吃一碗龜苓膏的情況。

在簡單了解湛先生的背景後，我們自然聯想他對於生草藥的豐富知識大多從其父母身上學習所得，自小在耳濡目染下逐漸累積的。然而，事實卻有所不同。湛先生的父親在其幼時固然已常對他們六兄弟姐妹提及多了解本地生草藥的好處，但小時候的湛先生和兄弟姐妹卻興致索然。加之他在15歲離家到西貢市區上學，需寄居於市區親友的家中，故而與父母相處的時間較少。說到過去的鄉村生活，湛先生提及當時村民因村落地理位置不便，難以到市區求醫，村民對父親這樣的「赤腳大夫」十分尊重，頭暈身熱都會向他們求助，更會準備一份紅包以示感激，所以父親一輩子都視生草藥知識為傍身技能，絕不外傳。但當時眾兄弟姐妹卻對父親的知識不以為然，湛先生亦不例外，一直至其二十多歲方對生草藥的效用開始感興趣。下表為湛先生印象中家中曾使用的生草藥，只有寥寥數種，因自他自行發展對生草藥的興趣後，才對有關記憶更為在意：

| 苦梅頭 | 苦勒草 | 白花（蛇舌）草 | 涼粉草 | 紅茶（海藻） |
| --- | --- | --- | --- | --- |

累積生草藥及涼茶知識

　　在訪談的過程中，湛先生對本地生草藥的認識和使用經驗如數家珍，這固然有受家庭環境影響，然而更重要的卻是個人興趣使然。湛先生在二十多歲時，因時常參加戶外運動，過程中難免有所損傷，初時依稀靠着父母過往曾提及的草藥救急止血，這才開始對不同草藥、涼茶、藥方有了興趣。自此之後，靠着在大網仔外展訓練學校兼職教練時，湛先生行遍香港東部大部分郊野地區，學會辨別更多本地生草藥，還與不同行山人士交流，分享大家所知道的生草藥知識。他亦時常翻閱與草藥有關的書籍、資料，並會向中醫師請教與用藥、偏方相關的知識，更身體力行實驗知道的偏方，使他在多年間一點點積累生草藥知識，並不斷與人分享及應用相關知識。湛先生指至今他已習得百種與應用生草藥有關的知識，當中不單有與涼茶有關，亦有止血應急、舒緩長期疾病等。下表為湛先生自行學習後所了解到可在大浪、赤徑一帶找到的部分生草藥：

| 朴樹 | 木患根 | 露兜樹 | 兩面針 | 盲雞欖 |
| 番石榴葉 | 九里香 | 飛揚草 | 紅背柱 | 紫背菜 |

## 學以致用、致力傳承

　　湛先生退休後更曾參與營運本地農場及教育中心，並改良了常見的五花茶配方成「時令五花茶」出售。其五花中包括槐花、木棉花、金銀花、雞蛋花、菊花。槐花能清肝瀉火；木棉花能消熱利濕；金銀花清熱解毒；雞蛋花可清熱解暑；菊花則可平肝明目。有別於傳統五花茶適宜於夏天飲用之餘，湛先生會因應氣候和時令，調整五花茶內不同成分的比例，使其成為一款一年四季都適宜飲用的涼茶。而「時令五花茶」的配方，並非湛先生父母傳承下來的涼茶方，而是他後來學習了傳統配方再加以改良。在湛先生身上，正正體現了傳統草藥知識與新元素的交匯，個人在傳承傳統知識外，亦不斷吸納新知識，融會貫通。湛先生亦不私藏，將其父親視為秘寶的生草藥及涼茶知識大方分享予有興趣的人。除了時常於各大學舉辦草藥相關的工作坊，湛先生亦時常與不同大學的中醫學系或本地的草藥園合作，引領學生實地辨別草藥，希望將生草藥及涼茶知識一代代傳承，甚至是發揚光大。

## 改變中的傳統

　　與涼茶店一樣，村落中採集生草藥和飲用生草藥涼茶的習慣亦因應時代改變及社會環境的發展而改變，並因而影響生草藥及涼茶知識的傳承。在上文討論市區中的涼茶店時，我們曾討論涼茶店的改變，包括是經營模式及產品的內容。因應顧客的需求轉變，及人手短缺而使製作涼茶的方法需要走向半機械化，要繼續在當代經營老涼茶舖，涼茶舖展現出適應力強的一面。而在村落中，更多是村民尋找方法去減省環境因素所帶來的改變，但同時亦有村民尋求新方法傳承生草藥及涼茶知識。

### 昔日的女性傳承人

　　在村落中，傳承生草藥及涼茶知識的人大多是需要照顧家庭的女性，隨着愈來愈多女性接受教育及獲得工作機會，加上社會觀念的改變，照顧家庭不再是女性的唯一選擇。在第三章，我們曾提及在大嶼山貝澳與羅氏夫婦進行的訪問。出身自沙田觀音山的羅太太未婚時並不懂得如何使用生草藥，而是婚後由家姑傳授，並指當時貝澳村內的持家女性，大多都會以家傳「土方」照顧家人的身體健康；同樣長居於貝澳的池婆婆亦有採集及運用生草藥的習慣，只是大眾眼中的採集生草藥，在她的眼中卻與用藥全無關係，而是早已成為生活中的經驗，亦是自然而然的習慣；居於東涌的黃伯更直指村內的生草藥及涼茶知

識是在女性間一代一代傳承的，正如他的母親也會把相關知識教予他的妹妹而不是他一樣。從第三章的訪問中，可以看到生草藥及涼茶知識在大嶼山地區的流傳相當廣泛。與此同時，出身自沙田觀音山的羅太太的故事則讓人思考，生草藥及涼茶知識的應用，是否富地區性，而村落女性中一代代傳承生草藥及涼茶知識又是否大嶼山地區的個別例子。本章中與三名新界原居民所進行的訪問，則證明生草藥知識於女性間的傳承並不鮮見於大嶼山以外的香港其他村落。

本章中與谷埔及廈村的兩名新界原居民的訪問，均反映「母親」在村落文化中承擔照顧家庭，以生草藥及涼茶知識照料家人身體的情況。來自谷埔的楊先生之母親熟習原生草藥及涼茶知識製作鹹茶及蘿蔔乾，長備於家中以備不時之需；其同樣熟習運用生草藥及火灸的堂嫂，亦在遠赴英國之前特地為當地的親朋好友準備好便於保存的鹹茶。廈村的鄧小姐指其母親早年常與村內其他女性一同採集生草藥，採集所得的生草藥，部分直接煮涼茶，部分則曬乾後先行保存，待有需要時方取出使用，亦會與親友一同到西貢採集在家附近難以覓得的生草藥。

與此同時，廈村鄧小姐的例子亦反映在時代變遷下，生草藥及涼茶知識在村落女性間的傳承所面臨之挑戰。按照原有的傳承傳統，鄧小姐作為女兒理應被視作「需要」從母親處學習生草藥及涼茶知識，以在未來照顧家庭。然而，鄧小姐卻坦然地說出她於求學後歷經工作，同時組織家庭，再度進修求學的生活。在當代有更多不同替代選擇的

情況下，母親已並未特意教導她與生草藥及涼茶相關的知識。同樣傳承中斷的情況亦可見於大嶼山黃伯的妹妹身上，其母親雖也有在生活中教導其妹妹有關生草藥及涼茶的知識，但隨着其妹早年移居英國，在脫離易於獲得生草藥的環境後，黃伯亦估計妹妹已將相關知識，尤其是不常用的已然忘記。

### 新界地區城市化

城市發展或是村郊地區的城市化，及村內經濟模式的轉變，同時改變了村落的生態環境。涼茶在香港村落中的特色是因應特定需要，就地取材，以在村落中常見、易於獲得的生草藥製作而成。對傳承帶來挑戰的不單是當代人的流動性上升、有更多的機會和選擇，更是改變中的環境。在第三章，我們曾簡單介紹1940年代的港九生草藥業總工會。從港九生草藥業總工會內的幹事名單記錄中，可以看到當時生草藥業以新來到香港的移民或臨時移民為主，並多為男性。此情況固然與村落中以女性為主，將生草藥及涼茶知識視作日常生活習慣，而非經濟活動的情況有所不同。然而從港九生草藥業總工會的會員人數約自1950年代末開始下跌，從中亦可窺探城市發展對採集生草藥有可能帶來影響，而城市發展的擴張對村落涼茶的傳承亦同樣影響深遠。

自開埠以來，香港的市區持續擴展，改變了原居民的生活模式。第二次世界大戰前，香港的市區擴展工程主要集中於香港島及九龍半島；第二次世界大戰後，隨着本地人口持續上升，市區住屋環境擠迫、木屋區氾濫等均成為了當時香港政府急需處理的問題。在新界設立新市鎮的計劃於1960年代籌備，在1970年代開展，所涉及的土地來自於新界不同地區，如今已成為市中心的沙田一帶曾是一片片的農田，沙田更曾有種植生草藥的藥田（《大公報》1963；《華僑日報》1963；《華僑日報》1970）。城市的擴張不單讓原來居於村落的村民更易從事不同工作，亦使可採集或種植生草藥的範圍大幅縮減。

　　而村民用以製作涼茶的材料亦不再侷限於本地唾手可得的生草藥。在涼茶料包，甚至是已煮好的涼茶已十分方便購得之時，部分生活忙碌的新一代村民，或寧可直接購買涼茶料包和涼茶，而免卻採集生草藥這一項頗為費時的工夫。涼茶料包和涼茶在新界地區的普及，同時使過往不常見於香港村落的涼茶配方走入村落。如鄧小姐家的士多曾售賣菊花茶等較適合男女老少飲用的涼茶，其中菊花正正不是在村落中採集可得，而是從外購貨的涼茶材料。

本章將歸納以上數章，提出了解涼茶作為非物質文化遺產價值的新面向。

# 第六章

涼茶作為非物質文化遺產的價值

在此研究當中，我們不單探討涼茶在現今社會的商業價值和經營模式，亦會用更多的篇幅聚焦涼茶在民間的傳承。通過走訪村落、街市和商店等地，挖掘不同人與涼茶的故事，了解涼茶在他們眼中的意義。涼茶作為非遺項目，是源自華南地區的民間智慧和生活體現。

過去多年，我們不斷地重複提問：甚麼是「文化遺產」？包含建築實體的文化遺產和非遺之間有何分別？怎樣才能把文化遺產的社會認受性和價值提升？對於類似的問題，到今天我們還沒有一個統一公認的答案，但正如我們相信文化遺產 ——— 特別是非遺是有別於其原屬的地方傳統，它是一種價值提升，是一個新生命，應該在更廣闊的國度和欣賞者的關懷下茁壯成長。它不只是對過去的懷緬或浪漫情懷的消費，更不應該停留於博物館的記錄，但在香港這瞬息萬變的商業社會，我們的願景會否不太實際呢？

文化遺產的概念及其實踐源於 1980 年代，有別於過往對保存和保育的理解和應用，更加強調其傳承的意義和對使用者的價值，而非遺的特點更加顯著（Ward 1980；Kurin 2004；Ashworth 2011）。在此容許我們再借日常生活上接觸到的「遺產」在概念上作一比較，遺產概念中最重要的應該是其擁有權的改變，其次是在功能、價值和保存上的意義。依照這樣的思路，我們可以大膽在非遺問題上推進，反覆提問誰是新的擁有者，有甚麼新功能和價值，和在保存意義上有怎樣的變化。所以，當涼茶成了國家級非遺項目，在獲得更多關注後，而有更完善的保育、推廣和重視，便不再只是地方的專利。至於在功能和價值方面，它可以是治療疾病的良方和人類獲得健康生活的希望。

但在保育及傳承方面，我們還有漫長的路在前方，在教育和推廣上仍有待大眾的發掘和肯定。例如就廣度而言，涼茶作為老少咸宜的保健飲品，我們可加強推廣令其在各年齡層間普及；就深度而言，我們可教育大眾一些簡單良方，鼓勵更多民眾嘗試親自製作涼茶。正如我們在田野考察的過程中，深深體會到涼茶相關知識的傳承面對巨大的挑戰，包括租金昂貴令商業經營困難、社區生草藥小店貨源短缺等問題，更重要的是現有傳承人的高齡化，形成了青黃不接的情況。

我們希望本書《涼茶在民間》，讓大眾認識到非遺在個人、社區和商業市場等各個層面的傳承。對於保存實踐來說，涼茶代表了一種知識體系，而不是單一的食品項目，書中三個不同層面的案例都提醒我們涼茶為甚麼要被視為非遺以及保護它們的困難。我們更不可以忘記，三個案例都有共同點：一方面，這些生活實踐都是先代前人傳承下來的植物及其藥用知識；另一方面，案例中的涼茶發展都為了配合社會的需要而進行了轉型，變得商業化、機械化、效率化，與以前的家庭式製作走上截然不同的生產模式。

源於民間生活智慧的涼茶配方已經所剩無幾，而在這裏我們想強調的是，我們不僅正在失去人們過去的生草藥及其相關知識，更是「無意」之間接受了因「無法」繼續尊重多元文化而感到的「無奈」。我們當然不希望這「三無」是面對文化遺產的態度，更不應該是社會發展的價值觀。所以本書希望藉涼茶的民間傳承，喚醒我們對文化遺產及其實踐價值的反思。

# 參考資料

古籍

《廣東新語》（［1678］1985）。屈大均。康熙三十九年（庚辰）木天閣原
　　刻本。北京：中華書局。

政府檔案

HKRS869-4-151. Hong Kong & Kowloon Herb Tea & Beverage
　　Dealers Association.
HKRS837-1-262. H.K. & K. Fresh Medicinal Herb Wkrs. Gen. Union.
HKRS276-7-915. Fish Marketing Organization. (1953-1962). Annual
　　Departmental Reports of D.A.F. & Department of Co-Operative
　　Development and Fisheries. Hong Kong: The Organisation.

報章資料

《大公報》（1963年6月7日）。〈新界新興事務　農場種植生草藥〉。
　　《大公報》。
《大公報》（1983年5月11日）。〈街頭熟食檔退牌照可獲得三萬
　　六千元〉。《大公報》。
《香港工商日報》（1946年3月18日）。〈熟食小販呈請發牌聯會通告會
　　員盈記〉。《香港工商日報》。
《香港工商日報》（1947年6月26日）。〈涼茶〉。《香港工商日報》。
《香港華字日報》（1910年4月4日）。〈小販牌照之改發處〉。《香港
　　華字日報》。
《華僑日報》（1963年6月7日）。〈新界新興事業　種植生草藥獲利〉。
　　《華僑日報》。

《華僑日報》（1970年11月18日）。〈新界山野遍地黃金 採生草藥者眾〉。
　　《華僑日報》。

《華僑日報》（1973年2月5日）。〈具有特別醫療價值的生草藥〉。
　　《華僑日報》。

《華僑日報》（1983年5月11日）。〈自動交回所持熟食檔牌照 可獲三
　　萬六千特惠金〉。《華僑日報》。


中文文獻及書目


Alison Hui（2019）。《香港尋味：吃一口蛋撻奶茶菠蘿油，在百年老舖與
　　冰室、茶餐廳，遇見港食文化的過去與現在》。香港：創意市集。

《醫道鏡詮》編委會（2022）。《醫道鏡詮：香港中藥文化史略》。香港：
　　中華書局。

大眾報（1963）。《澳門工商年鑑》。澳門：大眾報。

江潤祥（2000）。《香港草藥與涼茶》。香港：商務印書館。

佘自強（2011）。《涼茶天書》。香港：海濱圖書公司。

佘自強（2012）。《今日涼茶》。香港：大地出版社。

周奕（2009）。《香港工運史》。香港：利訊出版社。

周淑屏（2006）。《大牌檔・當舖・涼茶舖》。香港：獲益出版。

芹澤知広（2015）。「広東文化としての中国薬草茶」。載於『総合研究
　　所所報』（奈良大学），頁23、65-67。

長春社文化古蹟資源中心（2023）。《香港非物質文化遺產系列：香港
　　潮人盂蘭勝會》。香港：蜂鳥出版。

施旭光、蔡華文（編）（2017）。《圖說廣東涼茶：實用保健方》。香港：
　　萬里機構。

胡秀英、關麗珊、徐振邦等（2014）。《我哋涼茶係正嘢》。香港：突破
　　出版社。

張展鴻、王迪安（2021）。〈豉油小碟裏的香港：從生曬醬油到港製頭抽〉。載於陳建源（編），《醬・文化：記憶、技藝與身體》，頁 396-420。台中：中興大學出版社。

陳虎彪、郭岳峰（2009）。《龜苓膏與香港涼茶》。香港：萬里機構。

陳奕麟（1986）。〈香港新界在二十世紀的土地革命〉。載於《中央研究院民族學研究集刊》，61，頁 1-40。

港九生藥涼茶商聯總會（1960）。《港九生藥涼茶商聯總會二十週年紀念特刊》。香港：港九生藥涼茶商聯總會。

游子安、危丁明、鍾潔雄（2023）。《香港非物質文化遺產系列：香港黃大仙信俗》。香港：書作坊出版社。

華僑日報（1948-1969）。《香港年鑑》。香港：華僑日報有限公司。

黃志強（2005）。《尋常巷陌 ── 黃志強鏡頭下的香港和澳門》。香港：明報出版社。

黃宗儀、胡俊佳（2013）。〈生命安全與文化區域主義 ── SARS、涼茶與嶺南中醫藥發展〉。載於《地理學報》，71，頁49-68。

黃桂蘭（2020）。〈開店推車甘苦與共〉。載於《澳門雜誌》，137，頁 30-35。

黃競聰、李凌瀚（2023）。《香港非物質文化遺產系列：紮作技藝》。香港：中華書局。

楊根錨、陳志成（2022）。《嶺南民間草藥應用》。香港：萬里機構。

劉智鵬、黃君健、盧惠玲（2023）。《香港非物質文化遺產系列：香港中式長衫和裙褂製作技藝》。香港：中華書局。

劉智鵬、黃君健、盧惠玲（2023）。《香港非物質文化遺產系列：港式奶茶製作技藝》。香港：中華書局。

蔡盛琦（2009）。〈臺灣流行閱讀的上海連環圖畫（1945-1949）〉。載於《國家圖書館館刊》，98(1)，頁55-92。

鄧家宙（2022）。《香港非物質文化遺產系列：涼茶》。香港：中華書局。

鄭金順、李甯漢（2003）。《香港草藥10徑遊》。香港：商務印書館。

鄭金順、李甯漢（2004）。《離島草藥10徑遊》。香港：商務印書館。

鄭金順、李甯漢（2012）。《行山看草藥：香港10段草藥路徑》。香港：
　　商務印書館。

鄭寶鴻（2021）。《香江知味：香港百年飲食場所》。香港：商務印書館。

魯言（1978）。《香港賭博史》。香港：廣角鏡出版社。

謝永光（1998）。《香港中醫藥史話》。香港：三聯書店。

鍾寶賢、郭錦洲（2023）。《香港非物質文化遺產系列：中秋節 ———
　　薄扶林舞火龍》。香港：中華書局。

羅友華、黃亦琦、楊輝（2006）。〈中草藥涼茶的研究概述〉。載於《海
　　峽醫學》，19，頁95-98。

## 英文文獻及書目

Anderson, Eugene N. (1980). 'Heating' and 'Cooling' Foods in Hong
　　Kong and Taiwan. *Social Science Information* 19(2): 237-268.

Ashworth, Gregory J. (2011). Preservation, Conservation and
　　Heritage: Approaches to the Past in the Present through the Built
　　Environment. *Asian Anthropology* 10(1): 1-18.

Baker, Hugh. (1966). The Five Great Clans of the New Territories. *Journal
　　of the Hong Kong Branch of the Royal Asiatic Society* 6: 25-47.

Baker, Hugh. (1968). *A Chinese Lineage: Sheung Shui*. London: Frank Cass.

Balick, Michael J., and Paul Alan Cox. (1997). *Plants, People, and Culture:
　　The Science of Ethnobotany*. New York: Scientific American Library.

Chan-Yeung, Moira M.W. (2019). Eastern District (Wan Chai) Dispensary
　　and Plague Hospital. *Hong Kong Medical Journal*, 25(6): 503-505.

Chan-Yeung, Moira M.W. (2021). *A Medical History of Hong Kong: The
　　Development and Contributions of Outpatient Services*. Hong
　　Kong: The Chinese University of Hong Kong Press.

Cheng, Sea Ling. (1997). Back to the Future: Herbal Tea Shops in Hong Kong. In G. Evans, M. Tam (Ed.), *Hong Kong: The Anthropology of a Chinese Metropolis*, 51-73. Surrey: Curzon Press.

Cheung, Sidney C. H. (2005). Consuming 'Low' Cuisine after Hong Kong's Handover: Village Banquets and Private Kitchens. *Asian Studies Review* 29(3): 249-263.

Cheung, Sidney C. H. (2022). *Hong Kong Foodways*. Hong Kong: Hong Kong University Press.

Chiu, Stephen and Hung Ho-fung. (1999). State Building and Rural Stability. In Ngo Tak-Wing (Ed.), *Hong Kong's History: State and Society Under Colonial Rule*. New York and London: Routledge.

Douglas, Mary. (1966). *Purity and Danger: An Analysis of the Concepts of Pollution and Taboo*. London and New York: ARK.

Endacott, G. B., ed. (1964). *An Eastern Entrepôt: A Collection of Documents Illustrating the History of Hong Kong*. London: HMSO.

Farrer, James, ed. (2015). *Globalization and Asian Cuisines: Transnational Networks and Contact Zones*. New York: Palgrave MacMillan Press.

Faure, David. (1986). *The Structure of Chinese Rural Society: Lineage and Village in the Eastern New Territories, Hong Kong*. London: Oxford University Press.

Freedman, Maurice. (1966). *Chinese Lineage and Society: Fukien and Kwangtung*. New York: Humanities Press.

Goody, Jack. (1982). *Cooking, Cuisine and Class: A Study in Comparative Sociology*. Cambridge: Cambridge University Press.

Hayes, James. (1996). *Friends and Teachers: Hong Kong and Its People 1953–87*. Hong Kong: Hong Kong University Press.

Kuan, Hsin Chi and Siu-kai Lau. (1979). Development and the Resuscitation of Rural Leadership in Hong Kong: The Case of Neo-Indirect-Rule. Occasional Paper No. 81. Hong Kong: Social Research Centre, The Chinese University of Hong Kong.

Kurin, Richard. (2004). Safeguarding Intangible Cultural Heritage in the 2003 UNESCO Convention: A Critical Appraisal. *Museum International* 56(1-2): 66-77.

Lee, Ming Kwan. (1984). The Evolution of the Heung Yee Kuk as a Political Institution. In D. Faure, J. Hayes and A. Birch (Ed.), *From Village to City: Studies in the Traditional Roots of Hong Kong Society*. Hong Kong: Centre of Asian Studies, University of Hong Kong.

Leong, Jack. (2019). The Hong Kong Connection for the Chinese Railroad Workers in North America. Chinese Railroad Workers in North America Project. Retrieved from https://web.stanford.edu/group/chineserailroad/:cgi-bin/website/the-hong-kong-connection-for-the-chinese-railroad-workers-in-north-america/.

Lévi-Strauss, Claude. ([1964] 1969). The Raw and the Cooked: Introduction to a Science of Mythology. (John Weightman, Doreen Weightman, Trans.) New York: Harper & Row, Publishers, Inc.

Mintz, Sidney W. (1985). *Sweetness and Power: The Place of Sugar in Modern History*. New York: Viking.

Ohnuki-Tierney, Emiko. (1993). *Rice as Self: Japanese Identities through Time*. Princeton, NJ: Princeton University Press.

Perkins, David W. (1985). *Chinese Cookbook*. Hong Kong: Hong Kong & China Gas Co.

Potter, Jack. (1968). *Capitalism and the Chinese Peasant: Social and Economic Change in a Hong Kong Village*. California: University of California Press.

Tam, Siumi Maria, Janice Lau and Man Ke. (2014). Minority Memories and Creations: The Gendered Heritage of Hoklo Salty Tea in Hong Kong. In Cheung, Sidney C. H. (Ed.), *Rethinking Asian Food Heritage*, 177-201. Taipei: Foundation of Chinese Dietary Culture.

Ward, Barbara E. (1980). Rediscovering our Social and Cultural Heritage in the New Territories. *Journal of The Hong Kong Branch of the Royal Asiatic Society* 20: 116-124.

Watson, James L. (1983). Rural Society: Hong Kong's New Territories. *China Quarterly* 95 (Sep. 1983): 480-490.

Watson, James L. (1975). *Emigration and the Chinese Lineage: The Mans in Hong Kong and London*. Berkeley: University of California Press.

Wu, David Y. H., and Tan Chee Beng, eds. (2001). *Changing Chinese Foodways in Asia*. Hong Kong: The Chinese University Press.

其他資料

中國非物質文化遺產網・中國非物質文化遺產數字博物館（擷於2023年4月14日）。〈涼茶〉。《國家級非物質文化遺產代表性項目名錄》。https://www.ihchina.cn/project_details/14441。

中華人民共和國國家衛生健康委員會（2002年3月4日，擷於2022年3月25日）。〈既是食品又是藥品的物品名單〉。《食品安全標準與監測評估司》。http://www.nhc.gov.cn/sps/s3593/200810/a298f342c464475b923bcdc3c9d0575a.shtml。

香港非物質文化遺產辦事處資料庫（擷於2022年3月24日）。〈涼茶〉。《香港非物質文化遺產代表作名錄》。https://www.hkichdb.gov.hk/zht/item.html?ef1238bc-9bf2-481d-b3a6-20c0fd231ca0。

香港記憶（擷於2023年2月20日）。〈連環圖日報〉。《香港漫畫：香港故事》。http://www.hkmemory.org/comics/text/index.php?p=home&catId=177。

香港電台（1982）。〈生草藥檔〉。《縱橫十八》。林麗仁（編導）。https://www.rthk.hk/tv/dtt31/programme/flashbackhk/episode/839148。

澳門特別行政區政府旅遊局（擷於2023年2月20日）。〈白鴿票〉。《澳門特別行政區政府旅遊局》。https://www.macaotourism.gov.mo/zh-hant/shows-and-entertainment/gaming/pacapio。

醫院管理局中醫部（擷於2022年5月12日）。〈涼茶的時地人〉。《中醫動》。https://cmk.ha.org.hk/zh-cht/information-index/news/中醫奇趣/herbaltea2。

嶺南風物與香港非物質文化遺產系列

# 涼茶在民間

張展鴻　田穎儀　著

策劃編輯　　梁偉基

責任編輯　　朱卓詠

書籍排版　　劉淑敏

出　　版　三聯書店（香港）有限公司

　　　　　香港北角英皇道四九九號北角工業大廈二十樓

香港發行　香港聯合書刊物流有限公司

　　　　　香港新界荃灣德士古道二二〇至二四八號十六樓

印　　刷　寶華數碼印刷有限公司

　　　　　香港柴灣吉勝街四十五號四樓 A 室

版　　次　二〇二四年四月香港第一版第一次印刷

規　　格　大十六開（178 mm × 287 mm）一四四面

國際書號　ISBN 978-962-04-5451-6